河南省2018年博士后科研基金资助项目
"马克思异化劳动思想视角下金融资本异化研究"（001803008）

金融资本异化与还原研究

裴卫旗 著

中国社会科学出版社

图书在版编目（CIP）数据

金融资本异化与还原研究/裴卫旗著. —北京：中国社会科学出版社，2020.6
ISBN 978 – 7 – 5161 – 9912 – 1

Ⅰ.①金… Ⅱ.①裴… Ⅲ.①金融资本—研究 Ⅳ.①F038.1

中国版本图书馆 CIP 数据核字（2017）第 042076 号

出 版 人	赵剑英
责任编辑	车文娇
责任校对	周晓东
责任印制	王 超

出　　版	中国社会科学出版社
社　　址	北京鼓楼西大街甲 158 号
邮　　编	100720
网　　址	http：//www.csspw.cn
发 行 部	010 – 84083685
门 市 部	010 – 84029450
经　　销	新华书店及其他书店
印　　刷	北京明恒达印务有限公司
装　　订	廊坊市广阳区广增装订厂
版　　次	2020 年 6 月第 1 版
印　　次	2020 年 6 月第 1 次印刷
开　　本	710×1000　1/16
印　　张	10.5
插　　页	2
字　　数	125 千字
定　　价	49.00 元

凡购买中国社会科学出版社图书，如有质量问题请与本社营销中心联系调换
电话：010 – 84083683
版权所有　侵权必究

摘　　要

资本理论是马克思《资本论》中一个重要的经济理论问题，贯穿了《资本论》始终。金融资本属于历史范畴，是资本历史形态演进最高阶段的产物。现代金融资本异化引起了一系列经济社会问题，金融资本还原正是解决了由于其异化带来的一系列问题。此外，金融资本异化与还原是马克思在资本思想基础上的一个延伸。因此，研究金融资本的异化与还原对我国乃至世界经济的发展都具有理论意义与现实意义。

20世纪70年代末期以来，世界经济金融化的发展对传统金融资本理论提出了新的挑战，金融资本异化使得人们越来越看不清金融资本的本质。随着资本主义经济和社会主义经济的发展，以及生产社会化程度的不断提高，商品经济也达到了高度发展的程度，金融资本对商品经济以及整个社会关系的影响越来越大。本书重点研究现代金融资本、金融资本异化以及金融资本还原，以期对发展经济学的理论创新有所贡献。

本书指出，金融资本的异化会造成实体经济萎缩、信用崩溃、金融领域不确定性增加、社会风险加大和贫富差距扩大等经济社会问题，严重影响了国民经济的结构稳定，对各个阶层与社会根基等都具有重大的影响，从而引发金融危机。只有金融资本回归其服务功能的本原才能避免危机的爆发。这将为我国乃至全世界提供具有前瞻性、科学性、可操作性的政策建议，对促进经济社会的发展具有重要的现实意义。金融资本的相关问题不管对于发达国家还是发展中国家都十分重要，对于我国来说，改革开放40多年来，我国的市场化得到了长足的发展，推动我国经济步入资本化阶段。资本市场是金融市场的核心，所以对金融资本的异化与还原进行研究具有重要的现实意义。

本书主要研究了金融资本理论的发展演变、现代金融资本、金融资本异化论与金融资本还原论四个内容。本书的核心是对金融资本异化与金融资本还原论进行研究，其目标是还原金融资本的本原，解决金融资本异化带来的一系列经济社会问题。主要分四个部分进行论述。

第一部分，金融资本理论概述。首先在文献研究的基础上，把金融资本的发展演进从历史的角度分为三个阶段，指出金融资本在各个阶段都具有不同的内涵，然后对现有文献的研究进行评价，指出现有文献研究没有真正揭示现代金融资本的本质，还有就是缺失对金融资本异化与还原的深入研究。其次，详细论证了现代金融资本的含义，将现代金融资本定义为：金融资本是金融业垄断资本和非金融业垄断资本相互融合或者混合生长所产生的具有控制力的垄断资本，其目标是追求无限的价值增殖，实现利润最大化，也就是剩余价值最大化；金融资本的主要承载者是控制大量货币资金并将其投资于金融市场的企业、机构以及政府部门。从正面影响看，现代金融资本具有两大特征：第一，促进资本的合理流动，优化配置资源；第二，促进金融深化与金融市场的发展。从负面影响看，现代金融资本具有四大特征：食利性、贪婪性、掠夺性以及破坏性。此外，金融资本与虚拟资本具有五个不同之处：价值来源、产生机制环境、表现形式、影响以及功能。最后，界定金融资本还原：金融资本的本原是为实体经济服务，撇开目前金融资本这种特殊的货币资本的食利性、破坏性、贪婪性以及掠夺性，认清金融资本的本原，使其回归到为实体经济服务的职能，远离金融危机。

第二部分，金融资本异化论。首先以2007年美国爆发次贷危机、2008年爆发国际金融危机、2010年欧元区爆发全面债务危机、2011年9月17日"占领华尔街"运动以及我国提出的"脱虚向实"为背景，引出金融资本异化，接着对金融资本异化论展开分析，界定金融资本异化，指出导致金融资本异化的因素为：布雷顿森林体系崩溃、选票政治、金融过度自由化与市场异化以及人性的贪婪。接着，对金融资本异化的客观标准进行了分析研究，指出当金融资本的增长率等于实体资本的增长率时比较合理，金融资本处在合理性状态时没有异化。最后指出金融资本异化的危害是：实体经济萎缩、信用崩溃、金融领域不确定性增加、社会风险加大、贫富差距扩大以及金融危机爆发。

第三部分，金融资本还原论。为了避免或者弱化由金融资本异化带来的一系列问题，必须对金融资本进行还原。首先，从货币形式与资本形式的视角对金融资本的形成进行分析，指出从货币形式来看金融资本的形成经历了六个阶段：第一，实物货币阶段；第二，贵金属货币阶段；第三，代用货币阶段，为金融资本的萌芽阶段；第四，信用货币，为金融资本的产生阶段；第五，有价证券阶段，标志着金融资本的发展；第六，金融衍生产品阶段，标志着金融资本的成熟。本书从资本形式来分析金融资本的形成，详细分析了产业资本、商业资本以及生息资本的运动，指出，金融资本逐渐从职能资本（产业资本和商业资本）中裂变游离出来，从产业资本与商品经营资本中独立出来的货币资本就是现代金融资本的雏形，在这里，它完全具有职能资本的属性，只是为生产与流通提供专业化与产业化的相关金融服务。产业资本创造出剩余价值，商业资本来实现剩余价值，而从它们的运动中独立出来的货币资本为剩余价值的创造与实现提供信用条件，也就是为产业资本与商业资本的运动提供了服务功能。生息资本属于金融资本，具有职能资本的属性，同时也具有非职能资本的性质。其次，从金融资本异化的角度分析了金融危机爆发与"占领华尔街"运动。最后，指出金融资本的本原是为实体经济服务，并不直接创造剩余价值，接着从金融资本的增长率大于实体资本的增长率与金融资本的增长率小于实体资本的增长率两个方面分析金融资本如何还原到本原。

第四部分，政策建议。以马克思主义理论为指导思想，尊重市场经济发展规律，结合目前经济社会存在的一些问题，提出应对这些问题的六条政策建议：第一，坚持马克思主义的指导思想，正确理解金融资本还原理论；第二，征收金融交易税；第三，避免过度金融化；第四，鼓励资源向实体经济部门流动；第五，严格控制被严重虚拟化的金融资本流入国内；第六，严格控制与监督国际资本的流动。

目　录

第一章　引言 ··· 1

　　第一节　研究背景与意义 ························· 1
　　第二节　金融资本理论研究的文献回顾 ············· 7
　　第三节　研究思路与内容 ························ 37

第二章　金融资本理论概述 ···························· 40

　　第一节　现代金融资本的含义 ···················· 40
　　第二节　现代金融资本的特征 ···················· 47
　　第三节　金融资本与虚拟资本 ···················· 60
　　第四节　金融资本还原界定 ······················ 66
　　第五节　结论 ·································· 67

第三章　金融资本异化论 ······························ 69

　　第一节　金融资本异化界定 ······················ 70
　　第二节　金融资本异化的影响因素 ················ 72
　　第三节　金融资本异化的评价体系 ················ 80
　　第四节　金融资本异化带来的问题 ················ 88
　　第五节　结论 ·································· 94

第四章　金融资本还原论 ·············· 96
第一节　金融资本的形成 ················· 96
第二节　金融危机分析 ··················· 114
第三节　还原金融资本 ··················· 130
第四节　结论 ··························· 134

第五章　政策建议 ······················ 136
第一节　金融资本还原论目标 ············· 136
第二节　政策建议 ······················· 137

第六章　结论与展望 ···················· 146

参考文献 ····························· 149

第一章 引言

第一节 研究背景与意义

一 研究背景

发达资本主义经济自20世纪70年代末以来发生了重大变化，金融资本逐渐支配和控制资本主义经济中的最核心的部分，逐步确立了在发达资本主义国家的霸权地位。发达资本主义国家为了掠夺和获取超额利润，大量发行金融资本，具体表现在两个方面：一方面，发达资本主义在其经济体内部扩张垄断利润来源；另一方面，通过金融资本全球化在一些发展中国家等实现垄断利润来源的广度扩张。20世纪80年代后，金融资本全球化发展更为迅猛，这与在20世纪末期的经济全球化快速发展轨迹完全一致，有力地说明了经济全球化下金融资本的实质。金融资本全球化对我国乃至世界经济的发展产生了极其重大的影响，我国要实现社会经济的可持续快速发展、经济发展方式的合理性转变以及经济结构的合理性调整，必然需要融入金融资本全球化的时代进程。因此，很有必要研究金融资本全球化迅速发展的主要原因以及金融资本的发展演变。

2007年，美国爆发了次贷危机，此次危机波及了世界各个角落，对经济社会的重创程度是人们始料未及的。2008年9月15日，美国第四大投资银行雷曼兄弟公司破产。雷曼兄弟公司的发展是美国近代金融的缩影，其破产可以说是世界金融史上的一个极具标志意义的事件。美林证券受2007年次贷危机的影响，亏损极其严重，被美国银行收购。百年一遇的金融危机爆发后，迅速蔓延全球，其波及范围之广、冲击力度之强以及连锁反应之快前所未见，导致了全球性的经济衰退。这是20世纪30年代以来最严重的金融危机，是对世界经济创伤最深的国际经济危机。2010年欧元区爆发了全面债务危机，再次对全球经济造成了巨大的损失，迄今欧元区各国经济还未完全恢复元气。时隔2008年起源于华尔街的国际金融危机三年，2011年9月17日"占领华尔街"运动打响，之后愈演愈烈，逐步从美国的东海岸蔓延到西海岸，然后跨过大西洋和太平洋蔓延至英国、澳大利亚等地，就连中国的香港、台湾也不例外，金融中心是这些"占领"的共同点。这一连串的危机无不和金融业有关，是金融资本追逐利润最大化的结果，同时也受到了新自由主义政策、金融资本的急剧膨胀以及金融经济一体化的影响。

在经济金融化条件下，现代金融资本背离其原有职能，变成与其自身相异的一种资本，产生了相对独立的在虚拟经济形态基础上的功能变异，金融资本供给出现不合理现象，降低了经济基础与社会根基的稳定性，导致经济衰退，驱使贫富分化，成为历次危机的源头。而金融资本的稳定问题是我国经济社会健康发展的关键，因此我国对金融稳定问题十分重视。"十三五"规划提出：国际金融危机对我国经济社会的深层次影响依然会长期存在，我国必须加快金融体制改革，加快金融业为实体经济服务，金融资本和外汇储备管理制度必须加以完善，安全高效的金融基础设施必须建立起来。[①] 2017 年中央经济工作会议提出：把防控金融风险放在重要的位置，金融发展必须"脱虚向实"。[②] 党的十九大提出：深化金融体制改革，增强金融服务实体经济的能力，必须把发展经济的着力点放在实体经济上。[③] 2019 年中央经济工作会议指出：提高金融体系服务实体经济能力，实现国内市场和生产主体、经济增长和就业扩大、金融和实体经济良性循环。[④] 而西方资本主义国家由于金融资本异化引起的各类危机经久不愈，反思危机和探求未来的重要理论资源必然是马克思主义。[⑤]

金融资本主义发展到今天，从对经济社会的正面影响来看，具有两大特征：第一，促进资本的合理流动，优化配置资源；第二，促进金融深化与金融市场的发展。从对经济社会的负面影响来看，现代金融资本越来越具有破坏性、贪婪性和掠夺性，已经是异化了的金融资本。金融资本异化带来的金融化导致了产业资本的货币资本

[①] 习近平：《中共中央十三五规划建议（全文）》，新华网，2015 年 11 月 3 日。
[②] 习近平：《2017 中央经济工作会议内容（全文）》，央广网，2016 年 12 月 17 日。
[③] 习近平：《中国共产党十九大报告全文》，中国网，2017 年 10 月 18 日。
[④] 习近平：《2019 中央经济工作会议内容（全文）》，新华网，2018 年 12 月 12 日。
[⑤] 程恩富：《马克思主义与危机反思》，《人民日报》2013 年 1 月 14 日第 3 版。

化和资本的虚拟化，使得社会上的实际资源从生产领域转移到非生产领域，尤其是过度地转移到具有自我膨胀的金融业，严重脱离实体经济，影响实体经济的发展。金融系统与实际生产体系之间的距离越来越远了，阻碍了生产力的发展，严重影响了经济社会的稳定发展。金融资本在金融市场的这种增殖方式被普罗大众所接受和推崇，其增殖所追求的流动性往往要求以货币或准货币的形式持有金融资产，彻底掩盖了金融资本的本质，在 $G_1 = G + \Delta G$ 的金融资本增殖方式中，货币资本的拜物教水平达到了最高程度。

二 研究意义

资本理论是马克思《资本论》里面的一个重要的经济理论，而金融资本还原是马克思在资本思想基础上的一个延伸，从研究金融资本还原与金融资本异化出发，对金融资本进行还原，使其回归到本原，无论对理论还是对现实都具有重大的意义。

（一）理论意义

20世纪70年代末期以来世界经济金融化的发展对传统金融资本理论提出了新的挑战，金融资本异化，使得人们越来越看不清金融资本的本质，在这种情况下，很有必要对金融资本进行还原，还原出它的本质。本书从马克思关于资本积累和借贷资本一般规律的学说出发，依次论述了经典马克思主义金融资本理论、金融资本概念在第二次世界大战后的新发展以及金融资本概念理论自1980年左右至今的发展，理顺了有关金融资本理论的文献研究，对现代金融资本与金融资本异化论和金融资本还原论进行了研究，论述了金融化条件下资本主义的积累模式及其产生的宏观经济效果，理顺了金融资本的来源，还原了金融资本的本质。

　　随着资本主义经济和社会主义经济的发展，以及生产社会化程度的不断提高，商品经济也达到了高度发展的程度，金融资本对商业经济以及整个社会关系的影响越来越大。本书重点研究现代金融资本、金融资本异化以及金融资本还原，指出现代金融资本的含义及其具有的两大正面影响特征：第一，促进资本的合理流动，优化配置资源；第二，促进金融深化与金融市场的发展。同时，指出现代金融资本具有食利性、贪婪性、掠夺性以及破坏性四大负面影响特征，界定金融资本异化，提出引起金融资本异化的因素为布雷顿森林体系崩溃、选票政治、金融的过度自由化与市场异化以及人性的贪婪，并找出判定金融资本异化的客观标准，即当产出增长率、金融资本增长率与实体资本增长率三者相等时，金融资本处在合理性状态，在金融资本大于或者小于实体资本增长率时，金融资本或多或少地已经异化了。金融资本异化带来的不良影响包括：实体经济萎缩、信用崩溃、金融领域不确定性增加、社会风险加大、贫富差距扩大以及金融危机。最后，本书指出要把金融资本的主要功能即服务功能还原出来。

　　现代金融资本、金融资本异化以及金融资本还原论是一个重要的经济理论问题，需要对现代金融资本的本质、特征、演化路径等进行分析，构建系统完整的理论框架，这是经济发展问题理论创新的一个非常重要方面，本书恰好能弥补已有研究在这方面存在的不足，对发展经济学的理论创新有所贡献。

（二）现实意义

20世纪是人类社会历史上的一个伟大时代，管理劳动是否创造价值、科技劳动是否创造价值、服务劳动是否创造价值、生产劳动与非生产劳动等问题，还有一连串的金融经济危机，都与金融资本有关。因此，对金融资本的研究十分必要。本书不仅界定了现代金融资本的含义，详细分析了金融资本异化论，还把金融资本的本原还原出来，追索出金融资本的服务功能。

研究指出，金融资本的异化，造成实体经济萎缩、信用崩溃、金融领域不确定性增加、社会风险加大以及贫富差距扩大等经济社会问题，严重影响了国民经济的结构稳定，对经济关系的各个阶层与社会根基等都有重大的影响，从而引发金融经济危机，只有金融资本回归其服务功能的本原才能避免危机的爆发。这将为我国乃至全世界提供具有前瞻性、科学性、可操作性的关于金融资本还原对社会经济影响的政策建议，对促进经济社会的发展具有重要的现实意义。我国处在一个资本迅速扩张的时期，经过改革开放以来40多年的市场化发展，我国经济正步入资本化阶段，发展金融市场的核心是资本市场，因此对金融资本异化论与金融资本还原论进行研究具有深刻的现实意义。

第二节 金融资本理论研究的文献回顾

一 经典马克思主义金融资本理论

金融资本这个概念并不是马克思首先提出的,而是由法国马克思主义学者拉法格首先提出的,接着奥地利学者希法亭对其进行了系统研究并在内容上进行完善,进一步丰富了金融资本这一概念。列宁是金融资本理论的集大成者,对金融资本进行了科学、全面的概括。金融资本这一和经济社会有重大联系的概念已经被马克思主义学者使用一个多世纪了。虽然金融资本概念的首位提出者是拉法格而不是马克思,但从马克思的早期著作《资本论》中可以看出,他对货币资本、生息资本银行资本、股份资本、虚拟资本和信用进行了详细研究,可以追溯出金融资本概念的早期研究。

(一)金融资本理论的起点

马克思、恩格斯关于资本积累和借贷资本一般规律的学说,是研究金融资本问题的理论基础与出发点,而在资本积累和借贷资本两者中,资本积累理论的思想深刻地剖析了资本主义社会必然从自由竞争转向垄断竞争,垄断资本的核心是金融资本,金融资本是垄断竞争的必然结果,而借贷资本思想是马克思主义学者研究金融资本的理论基点。借贷资本是从产业资本运动中分离出来的特殊的资本形式。在资本主义社会,简单地说借贷资本就是货币资本,其是借贷资本家为了获取利息收入而暂时借贷给产业资本家和商业资本家等职能资本家的货币资本。马克思与恩格斯首先以货币资本作为出发点来研究借贷资本，接着依次对生息资本、银行资本、股份资本、虚拟资本和信用等进行了深入研究。

1. 货币资本

马克思在其《资本论》中指出，货币是资本的最初表现形式，商人资本、产业资本和生息资本一开始都是通过货币来表现的。金融资本属于资本，是资本的一种表现形式，要充分认识和把握金融资本的内涵，就一定要对资本进行充分的分析和研究。

马克思在《资本论》中明确地把资本定义为：资本是用来剥削雇佣工人为资本家带来剩余价值的价值。马克思指出，资本体现了一定的社会关系，不是具体形式的物，它的一定的社会关系体现在一个物上，使得这个物具有特定的社会性质，资本具有社会性，其属于一定的历史形态的生产关系。马克思在其著作《资本论》中，先是对商品、货币与雇佣劳动关系进行了深入研究，接着对资本的运动进行了深入研究，指出资本运动的目的是剩余价值的实现，这些关于资本的研究对金融资本理论的产生奠定了坚实的基础。马克思对资本概念的相关分析贯穿其经典著作《资本论》通篇，深入研究了货币与资本的相关内涵：第一卷主要阐述了资本的生产过程，对资本的直接生产过程进行了深入的研究，即在统一的生产过程和流通过程中抽象出来的生产过程，其实质是资本家剥削工人的剩余价值，所以说资本的生产过程的核心是剩余价值的生产，第一卷主要介绍了资本主义社会的经济关系的本质与发展趋势。第二卷的主要内容是资本的流通,也就是单个资本和社会总资本的运动,马克思通过对流通过程的分析来阐述剩余价值实现的理论。第三卷主要是对资本的总体运动进行分析,也可以说是剩余价值的分配理论。总之,《资本论》是以劳动价值理论为基础和以剩余价值为核心而展开的,揭示了资本主义社会的经济本质和社会结构,以及产生、发展和灭亡的历史必然性。

在《资本论》第一卷中,马克思指出能够带来剩余价值的货币才可称为资本,货币主要是通过深入研究商品和商品交换而引出的概念,而资本则是通过深入研究货币而引出的。在《资本论》的第一卷,马克思深入研究了货币是如何转化为资本这一重要问题,资本理论是研究资本主义社会的核心理论,该理论被置于资本主义社会这种特定的生产关系之中来研究。马克思指出资本不是物,其是能够带来剩余价值的价值,体现的社会关系是资本家和雇佣工人之间的剥削与被剥削的关系。从马克思在《资本论》中对资本的相关论述可以看出,资本具有如下五种属性:第一,历史性。资本是历史的产物,具体来说也就是商品经济的产物,马克思既反对把资本"一般化"为商品经济的范围也反对把资本"一般化"为人类的一切生产的范畴,认为是人类发展史上多种不同的社会形态所共有,所以他指出,资本存在的历史条件不仅仅只是商品流通与货币流通。因此,马克思说:"资本也是一种社会生产关系。这是资产阶级的生产关系,是资产阶级社会的生产关系。"① 第二,社会性。资本掩盖了资本家和雇佣工人之间剥削与被剥削的关系。资本从来都不是物,其实质是资本主义的生产关系,脱离了资本主义社会的生产关系,也就不能称其为资本了,资本是躲在物的外壳之下的人与人之间的社会关系。第三,增殖性。也就是说,资本具有增殖性,诸如产业资本、商业资本以及借贷资本的运动都是为了增殖,因此资本是能够带来剩余价值的价值,它以增殖为目的。第四,垫支性。企业用于购买生产要素的资本是要提前预付的,具有垫支性,这些预付资本在运动中要保持其原有价值并如数流回企业中。第五,运动性。资本是一种运动着的价值,只有在运动中才能增殖。其依次经过生产领域和流通领域,持续不断地进行资本循环和周转,在运动中保持其原有价值并使其增殖。马克思在《资本论》中分析的资本的五种属性,同样适用于所有形式的资本,如产业资本、商业资本和借贷资本。所以,马克思对资本的五种属性的深入研究,也就非常客观地成为研究金融资本理论的不可或缺的基础。

2. 生息资本

马克思金融资本理论的最重要组成部分是生息资本理论,其中借贷资本和高利贷资本是生息资本的两种表现形式,生息资本也属于货币资本,其是为了取得利息而暂时贷给他人使用。在《资本论》第三卷中,马克思对生息资本理论进行了详细的阐述,其在第三十六章中指出:生息

---

① 《马克思恩格斯选集》(第一卷),人民出版社1972年版,第363页。

资本很早就出现了，甚至在资本主义社会产生以前就出现了，这一点和商人资本相同，而且是出现在不同的社会形态中，很早以前的古老的高利贷也可以称为生息资本。

对生息资本理论进行深入分析研究的篇幅主要集中在《资本论》第三卷中的第四篇与第五篇，马克思进一步提出，生息资本是借贷资本家为了取得利息而暂时贷给他人使用的货币资本，特别是借贷给职能资本家使用。马克思《资本论》中的生息资本理论，是以劳动价值论、剩余价值论、平均利润和生产价格理论为基础的。马克思指出，作为生息资本的货币资本，具有资本的特殊的使用价值的功能，因此可以带来剩余价值，可以为借贷资本家获取利息。对于生息资本形成的分析，马克思明确指出，生息资本的形成，它和产业资本的分离，是产业资本本身的发展、资本主义生产方式本身的发展的必然产物。所以，只有当货币能够生产利润的能力被买卖时，生息资本才会出现，生息资本的运动形式可以简单表示为 $G-G'$。

从马克思的经典著作《资本论》来看，马克思从两种方式来深入分析生息资本，一种是从借出与借入来分析生息资本，另外一种是从生息资本的产生途经来分析生息资本，这种分析主要集中在《资本论》第二卷中，主要是从社会总资本的生产过程出发研究生息资本，对资本循环和资本周转进行了大量分析。马克思提出，一方面大量的暂时的闲置货币资本在资本主义的生产过程中产生，另一方面又会产生对这些暂时的闲置货币资本的经常性需求。马克思指出，这些暂时的闲置货币资本的来源主要有：固定资本折旧费的积累、暂时性闲置的流动资本、用于积累而未马上投资的剩余价值、食利者阶层拥有的货币以及社会各阶层拥有的各项货币存款与谨慎性储备基金等。

3. 银行资本、股份资本和虚拟资本

马克思在其著作《资本论》中指出，银行资本指的是银行的所有资本，是指银行经营者经营银行的所有资本。资本主义的银行主要是银行资本家所有，银行资本主要有两个来源：银行企业的自有资本以及通过吸收存款的借入资本。从消极方面来看，银行资本中的大部分资本是虚拟资本。因此，在虚拟资本占比比较大的情况下，比较容易产生投机，而且投机基本上是和营业同步的，只要银行营业，投机便伴随左右。

银行资本中的大部分虚拟化的资本，其实是以比较少的实物资本为支撑的，而且经常性地进行贷款、抵押以及贴现等银行的相关业务，而这些反复的业务中又存在着反复的投机和欺诈。尤其是在股份制大环境下，大多非银行资本所有者的大工商业者，由于业务来往在与银行打交道时，基本上不会认真权衡他们的业务的限界，在这一点上他们不会像那些用自己私有资本来经营的人。这种情况造成的结果是，资本主义社会的这种本来就是剥削的活动明显地发展成为赌博欺诈。而这种明显的潜藏着赌博欺诈的信用制度一定会驱使生产规模的过度扩张和商业上的过度投机，最后，危机必然出现。

股份制是商品货币经济高度发展和社会化大生产的产物，商品货币经济的高度发展和社会化大生产又是资本主义生产方式的两个显著特点，所以说股份制为资本主义社会经济的高度发展起到了不可估量的作用。马克思说："假如必须等待积累去使某些单个资本增长到能够修建铁路的程度，那末恐怕直到今天世界上还没有铁路。但是，集中通过股份公司转瞬之间就把这件事完成了。"①

马克思指出，虚拟资本是能定期给其持有者带来一定收入的有价证券，也就是说，虚拟资本以有价证券的形式表现出来。马克思在《资本论》第三卷中指出：虚拟资本是和现实资本相对而言的，是没有黄金作保证的银行券（银行发行的信用货币，即期票）、不能买卖的商业证券（即汇票）、能买卖的公共有价证券（如国债券、国库券、各种股票）以及地价等，它们以生息资本的存在为前提，由货币转化为利息，根据固定利息量和利息率推算出资本量，这种资本就是"幻想的虚拟的资本"。② 所以，虚拟资本在质和量上都不同于实际资本。

4. 信用

与生息资本、货币资本、银行资本、股份资本和虚拟资本紧密相连的是信用和信用制度。在《资本论》中，马克思认为，信用从奴隶社会开始就以高利贷资本这种古老的生息资本的形式存在，而其揭示资本主义信用制度的功能和本质，是从对19世纪英国信用制度的论述出发的，但是只有在资本主义社会，信用才真正大范围发展和发挥作用。在资本主义制度下，高利贷让位于生息资本，生息资本发展为虚拟资本，资本主义信用制度就在商业信用和商品货币关系的基础上建立起来了。马克思根据对生息资本

---

① 《马克思恩格斯全集》（第二十三卷），人民出版社1972年版，第688页。
② 《资本论》（第三卷），人民出版社1975年版，第526—527页。

的分析研究，指出信用是以商品生产和商品流通为前提，是以商品赊销或者货币借贷的形式体现经济关系，是以偿还为前提条件的价值运动的特殊形式，是经济关系也就是商品货币关系的一种特殊运动形式。其中，借贷资本主要以商品形式和货币形式存在，与此相对应，信用也就分为商业信用和银行信用。在资本主义再生产过程中产生了大量闲置货币，它们的出现为商业信用和银行信用的产生提供了客观条件。与此同时，商业信用和银行信用的基础也是这些闲置的货币，也就是说这些闲置货币是资本主义社会中资本主义信用制度的基础。因此，正如马克思在《资本论》中所说，资本主义社会中资本主义信用体系的出现驱使其再生产过程中闲置下来的货币运动起来并转化为生息资本，最终返回到资本积累的过程，也就创造出剩余价值。马克思在其著作《资本论》第三卷第五篇中指出：银行信用的基础是商业信用，在资本主义生产过程中，信用制度所起作用的性质是双重的。信用积极的一面是指拥有信用的单个资本家可以在一定范围内无条件地绝对地支配他人，而这个人实际拥有的资本或者是公众承认其拥有的资本是信用的基础。也就是说，信用的积极的一面是指其可以扩大生产规模并加速社会生产的运动速度。在双重性质方面，马克思指出：信用制度具有双重性质，首先，信用制度将资本主义社会的剥削者在数量上逐渐减少，促使其生产的动力逐渐转变为最纯粹与最巨大的赌博欺诈制度，这是通过剥削他人劳动的办法来实现的；其次，信用制度是转变为一种新生产方式的过渡形式。

5. 货币危机

马克思在考察分析资本主义经济危机的形成过程中，指出货币危机是经济危机的表现形式，尤其是在社会化大生产的背景下，经济危机和货币金融危机很可能出现在资本主义社会的资本运动过程中。

首先，获取剩余价值是通过资本主义资本运动来实现的，剩余价值的获取过程必然是商品、货币周而复始的循环，其中从商品转化为货币的过程，也就是价值实现的过程，而且在价值形式上，商品与货币存在对立和转换的关系，因此货币危机的出现变为可能。转化为生产资本形式，进一步变为商品资本形式，再转化为原来的货币资本形式，这样就完成一个以价值增殖货币增长为中心的循环。①用公式可以表示为：G—WPW′—G′，其中 W′—G′属于流通过程，也是价值的实现过程。在这个过程中，商品转化为货币是商品的"惊险的跳跃"，出现了随机性与不确定性，价格与价值不一致也就是出现了偏离。

其次，马克思指出，由于信用制度的发展，经济危机和货币金融危机的发生也将成为可能。资本主义信用的发展促使商品买卖与货币的实现在时间上存在差异，导致社会支付链条出现大量断点，金融危机出现。崔友平、陈华指出这就是从基本意义上来讲的货币危机形式。

最后，虚拟经济与实体经济的背离加剧了货币危机的可能，其中，借贷资本和资本主义生产中的生产资本在时间和空间上都存在着相对独立的关系，这种相对独立的关

---

① 洪远朋：《〈资本论〉教程简编》，复旦大学出版社 2006 年版。

系导致社会支付链条出现断点，从而导致经济危机和货币金融危机出现。马克思曾指出，"虚拟资本有它的独特的运动"。[①] 这种独特的运动指的是虚拟经济和实体经济可能存在不一致，由此导致货币危机出现。

马克思指出，产业资本推动并加速了货币资本完成其自身的积累，而货币资本要不断地完成其自身的积累，一定要有相应的一系列机构来实行自我管理，而这种自我管理的目的就是取得金融收益，而这些金融收益来自对剩余价值的分割。马克思在其著作《资本论》中指出：货币资本的循环就是以货币资本为出发点和回归点的资本运动，可以用 $G \cdots G'$ 来表示，从公式可以看出，资本主义的动机与目的就是获取剩余价值，其中，必须经过的购买阶段、生产阶段与销售阶段是实现剩余价值不可或缺的阶段，尤其是生产过程，但它在资本运动的作用下被掩盖了，同时也被视为必须做的倒霉事。那些资本家幻想着脱离生产过程赚钱。所以，伴随着这种周期性的狂想，货币金融危机必然出现。

综上所述，马克思在其所处的时代提出了生息资本、货币资本、虚拟资本、信用等理论，而不是直接提出金融资本理论。但这些理论的提出为金融资本理论的形成奠定了基础，可以说是金融资本理论的初步理论。我们研究现代金融资本理论，必须从马克思提出的这些理论出发，我们把马克思的这些理论称为经典的金融资本理论。

---

① 《马克思恩格斯全集》（第二十五卷），人民出版社 1974 年版，第 527 页。

（二）金融资本概念的提出

作为"马克思主义思想的最有才能的、最渊博的传播者之一"[①]，拉法格是第一个提出金融资本这一概念的马克思主义经济学家。拉法格是从资本积累与资本集中的角度来研究金融资本的，提出金融资本在社会各个领域中都具有重要作用，尤其是在经济领域具有统治地位，对于宗教、政治以及生活领域也具有举足轻重的作用。拉法格通过研究银行资本与工业资本逐渐结合的趋势才首次提出金融资本这一概念，这要归结为拉法格对美国托拉斯、美国经济社会与美国政治进行了大量研究。他提出，金融资本家利用各种渠道与手段牢牢地控制支配各种企业，其中包括工业企业、商业企业以及金融企业等，与此同时，银行在参与各种金融活动的过程中逐渐发展壮大，由此具有了能把大量资金聚集在一起的功能，就像吸压泵一样，接着还会把这些大量的资金聚集到企业中。这样就形成了工商业与银行业密不可分的关系，工商业需要银行业为其筹集资金，而银行业则要依靠工商业才能获取盈利，甚至直接渗透到工商业中，这种密不可分的关系实现了双赢。由此可以看出，在社会经济发展中，银行资本与产业资本之间的关系是逐渐相互融合、相互渗透的趋势，银行资本与产业资本逐渐成为一个利益共同体，两者之间的关系密不可分。从以上分析可以看出，拉法格所提出的金融资本概念，并不仅仅指银行资本，而是指银行资本与工业资本的融合所形成的特殊的资本。

[①] 《列宁全集》（第二十卷），人民出版社1989年版，第386页。

另外，罗莎·卢森堡在其著作《资本积累》中提出，在帝国主义中金融资本占统治地位，由此产生了一种特定的积累，并且着重指出，剩余价值的实现比较困难，资本主义社会只有不断地向社会主义社会扩张才能求得生存，并且，当扩张的空间用尽，危机必然出现。布哈林在其著作《世界经济与帝国主义》中指出，金融资本统治的阶段是一个特定的历史阶段，金融资本主义是继工业资本主义之后发展起来的，就好像是工业资本主义是商业资本主义发展起来的一样，因此可以说，金融资本主义是商业资本主义的继续。

（三）对金融资本概念的系统论述

鲁道夫·希法亭，是著名的奥地利马克思主义经济学家，同时也是马克思主义帝国理论的重要代表，他首次对金融资本理论进行了系统的论述。希法亭在1910年出版了《金融资本——资本主义最新发展的研究》一书，系统地分析了金融资本理论，而且做出了大量富有成果的研究，很明确地提出了金融资本概念的理论范畴。

希法亭在其著作中指出，随着生产力的提高，资本主义社会在工业和技术上都取得了巨大的进步，生产率的提高，进而要求生产过程中的固定资产增加，资本主义的有机构成下降，利润率下降。希法亭对金融资本的研究主要从分析货币开始，着重研究了资本发展的历史，从资本的进程来看主要经历了三个阶段：高利贷资本、银行资本以及金融资本。另外，希法亭以货币流通和信用关系的发展为主线对资本主义经济社会中的信用、股份公司、证券交易所、银行资本以及工业资本进行了深入研究。最后希法亭指出，解决资本主义社会利润率下降的办法是对银行业的依赖要以固定信用为主，之前的以流动信用为主的方法必须放弃，但这样一来，银行积聚得到了大力发展，银行成为垄断工业资本的大部分来源。

希法亭指出，随着经济社会的不断发展，产业资本在不断增加，但这个增加的部分不属于产业资本家所有，同时对这个增加的部分也只有通过与产业资本相对立的银行才能取得支配权，可以看出产业对银行有很大的依赖性，而这种依赖是银行和产业财产关系的结果。另外，银行为了盈利而不得不与产业合作，银行把其资本中的一部分固定地投入产业，银行资本也就成了产业资本，银行资本家也就逐渐成了产业资本家。希法亭将投入产业并转化为产业资本的银行资本称为金融资本，同时这种金融资本属于货币形式的资本。

从以上分析可以看出，希法亭所界定的金融资本理论比较强调银行资本的统治作用。他关于金融资本理论的基本观点在其著作的前言中已经显露出来，他在前言中指出：本书主要分析近期资本主义社会发展的经济现象，试图把这些经济现象纳入古典政治经济学的理论体系，也就是纳入从早期的威廉·配第到马克思的理论体系。在现在的资本主义社会中，由于卡特尔和托拉斯的出现，资本主义社会从自由竞争发展到了垄断竞争，这是一个集中的过程，而银行资本与产业资本越来越紧密地联合在一起。在本书的后面，将会详细地分析，金融资本是资本的最高也是最抽象的表现形式。

（四）金融资本概念的科学定义

列宁是金融资本理论的集大成者，同时也是科学定义金融资本的人。在其著作《帝国主义是资本主义的最高阶段》一书中，列宁指出了资本主义高级阶段的五个方面的基本特征，并对资本主义社会发展的新趋势做出了高度的概括。资本主义高级阶段的五个特征依次是：第一，生产和资本的集中的高度发展导致在经济社会中起着决定性作用的垄断组织的出现；第二，在银行资本与工业资本融合起来的金融资本的基础上，金融寡头出现；第三，在资本主义高级阶段，资本输出等于商品输出，已经具有了特别重要的意义；第四，资本家国际垄断联盟出现，其具有参与瓜分世界的能力；第五，世界范围的领土已经被世界上的最大资本主义列强瓜分。从资本主义高级阶段的这五个特征的排序可以看出，生产和资本的集中在资本主义经济社会中起着举足轻重的作用，而金融资本仅排其后。

在很大程度上，列宁关于金融资本理论的研究是受到希法亭的著作《金融资本》的影响，希法亭把这种投入产业并转化为产业资本的银行资本称为金融资本，也就是固定在产业资本中的银行资本。列宁则认为金融资本形成的基础是生产领域中资本关系的变化。由此，列宁在其著作《关于帝国主义的笔记》中提出金融资本形成的三个重要因素，分别是：发展和增长到相对比较高的程度的大资本、银行的集中与社会化的作用、垄断资本的需要。[①]

[①] 这里的垄断资本具有比较强的控制力，它可以控制某工业部门的相当大部分的资本，导致垄断代替竞争。

列宁在希法亭的金融资本理论基础上将垄断和金融资本结合起来，进而对金融资本理论进行了科学的界定，指出金融资本产生的历史和内容是：生产集中，由于生产的集中而导致垄断的出现；银行资本与工业资本逐渐融合或者是长期融合在一起。列宁指出，随着自由竞争转变为垄断竞争，资本主义的银行业也逐渐集中起来，大工业不得不依赖于由于集中而形成的大银行，而这些大产业资本家为了避免银行的控制，也逐渐渗透到大银行中。因此，列宁认为银行垄断资本与工业垄断资本的互相渗透、融合以及混合生长才形成了金融资本。从其对金融资本的界定可以看出，在金融资本中，银行垄断资本和工业垄断资本的地位是平等的，既可以以银行垄断资本为中心，也可以以工业垄断资本为中心。时至今日，列宁对金融资本概念的科学的定义仍然具有合理性。另外，与列宁同时期的倍倍尔与考茨基对金融问题也进行了大量研究，他们也是从资本积累的角度出发来研究金融资本的。

二 金融资本理论在第二次世界大战后的发展与拓展

第二次世界大战后至20世纪六七十年代，各国学术界认为金融资本理论存在两种声音，一种声音认为金融资本理论的存在具有很大的争议，部分西方学者甚至提出了金融资本消失论；另一种声音依然肯定了金融资本的存在。

第二次世界大战后对于金融资本理论的存在具有颇大争议，甚至出现了金融资本消失论。2004年10月，法国举办了国际马克思主义大会，当代法国马克思主义学者热拉尔·迪蒙和多米尼克·莱维提交了《新自由主义的动态：

一个新阶段?》，提出，金融资本的权力在大萧条至70年代这段时期被大大削弱；在1962年，加尔布雷思（Galbraith, John Kenneth）提出，在统计学或者任何其他经验方面，马克思主义学者（至少在美国）的金融资本理论没有获得检验；在1966年，罗伯特·高登（Gordon, Robert Aaron）提出，工业和银行之间的关系有所转变，和半个世纪之前相比，它们之间的依赖性和控制性降低。保罗·巴兰（Paul A. Baran）与保罗·斯威齐（Paul M. Sweezy）提出，大部分公司为了能够避免对金融控制的屈服，都试图通过内部资金的形成来达到财务上的独立；法国的欧莱雅指出，在这段时间金融寡头也成为过去式，主要是因为银行业的作用逐渐下降，还有就是工业资本和银行之间的关系不再那么简单，根本原因是垄断企业经营的多元化、股份制控股公司的发展和跨行业合并的大量出现。从以上分析可以看出，以上西方学者认为，各种理论的出现在某种程度上都是以所在时期的金融经济制度、金融结构与社会经济背景为基础的。而马克思主义学者对金融资本理论的分析，主要以德国为研究对象，因为其全能型银行体制颇为突出，很好地揭示了在特定的历史条件与历史时期下，金融资本的本质、规律、形成原因和其发展趋势，但是，对于当代资本主义国家的经济社会来说，对于其新发展的合理解释力比较缺失，对金融资本也只是在其特定的历史条件下来界定其概念。

而第二次世界大战后的另一些学者则肯定了金融资本的存在。迪蒙和莱维在其著作《资本复活》中对金融资本进行了界定，他们把金融资本仅仅定义为银行和金融机构，而且这里的银行和金融机构与工业资本的利益不一致,是对立关系。而克里斯·哈曼对他们界定的金融资本概念提出了一些自己的观点,指出他们的观点缺失对当代资本主义实质的理解,认为战后资本主义社会仍然是以金融资本与产业资本的融合为主。法国马恩河谷大学教授让·克洛德·德洛奈指出,在当代资本主义社会,生产资本和金融资本的关系是密不可分的,全球化的金融资本主义是当代资本主义的本质特征,生产资本和金融资本都包含在总资本之中,在这个时期,它们有机地联合在一起,由此可以看出,让·克洛德·德洛奈所界定的金融资本和生产密切相关,而不仅仅是和金融领域相关的资本,也包含和生产领域有关的世界化过程。所以,让·克洛德·德洛奈指出,从时间和空间上来看,金融资本对资本的使用价值的生产产生了绝对的控制,而这种控制具有全面性和连续性,也就造成了资本最大程度的增殖,另外,他还指出,金融资本是资本价值得以存在的主要形态,并且绝对等于虚拟资本,其是商品经济高度发展所致。[①] 中国人民大学教授吴大锟指出,列宁对金融资本的科学定义非常符合他那个时期的实际情况,对当代的实际情况也基本上符合,他赞同列宁金融资本理论的思想的精髓。但是,战后发达资本主义国家的经济社会发生了一系列变化,与此同时,金融资本概念也就相对需要拓展,比如说这些国家的经济结构发生了某种程度的变化:服务业相对以前颇为繁荣,各行各业

---

① 参考约·比朔夫《全球化——世界经济结构变化分析》,载张世鹏、殷叙彝编译《全球化时代的资本主义》,中央编译出版社1998年版,第4页。

的垄断资本多层次混合生长，比以前的私人垄断资本更加集中。战后的金融资本转变为以商业银行为中心，而且是企业资本的融合或者混合生产，这些企业主要是以金融业垄断资本与垄断工业公司为主，吴大锟对金融资本的界定强调了私人垄断资本的作用，并充分揭示了其实质和发展规律。学者陈聚祉指出，金融资本是金融业垄断资本与非金融业垄断资本的融合与混合生长，其实他继承了列宁关于金融资本的思想精髓，与此同时，他也指出，这个时期的垄断资本既可以以金融业垄断资本为中心，也可以以非金融业垄断资本为中心，两者的地位是平等的，金融资本还可以是金融业垄断资本与非金融业垄断资本的平行结合。

三 金融资本理论20世纪80年代至今的发展

从20世纪80年代开始，为了应对六七十年代的经济滞胀所带来的一系列问题，英国撒切尔夫人和美国里根总统开始实施新自由主义政策，以自由化、放松金融管制和私有化为核心。由此，金融资本在发达资本主义国家很有成效地解决了极大部分滞胀引起的束缚和制约资本活动的羁绊与屏障。在当前国际大环境下，新自由主义政策确实使国际货币体系焕然一新，呈现出新的特点，各国的金融市场开放程度与全球的经济金融一体化程度也逐渐得到提高，各国的汇率制度逐渐市场化。随着新自由主义政策逐渐在各个国家实施，金融资本变得尤为灵活，其活动范围和统治空间可以伸向世界上的大部分国家，与此同时，金融资本在生产、贸易、技术以及金融领域确立了自己的霸权地位。金融资本在资本主义社会中的决定性地位又使得以自由化和放宽金融管制政策为核心的新自由主义体制具有了战略性特征。因此，世界上各国金融市场逐渐呈现出一体化趋势，金融资本全球化的进程也在逐渐加速。美国和英国为金融资本的全球化进程创造了条件，正如法国学者弗朗索瓦·沙奈所言：不管是发达的资本主义国家还是新兴国家，都允许通过尽量频繁与平稳地操纵其金融中心，达到获取工业利润，金融企业收益、利息和红利的目的。[①]

（一）国外学者对金融资本理论的诠释

1985年，美国学者夏尔－阿尔贝·米沙莱对世界各国资本周期进行了大量研究，由此来界定金融资本概念，他认为银行、基金以及跨国公司等组织控制下的资本是金融资本。法国学者皮埃尔·勒·马森提出，随着新自由主义政策的实施，全球资本自由流动，金融市场上的壁垒随之取消，由于金融资本是垄断资本的核心，金融市场上的壁垒随之取消，促使了金融资本在国际上的部署和发展，加强了对工业资本的控制，金融资本的流动性和国际化程度逐渐提高，对国际经济发展的作用更加重要。这两位学者对金融资本界定的角度完全不同，美国学者夏尔－阿尔贝·米沙莱认为金融资本是一种静态资本，而法国学者马森则认为金融资本是一种动态资本，强调金融资本依旧依靠工业并对工业资本进行统治。他们对金融资本的界定都不够全面与科学，没有揭示出金融经济一体化背景下金融资本的内涵。此外，与夏尔和马森不同的是，另一些国外学者不是

---

① ［法］弗朗索瓦·沙奈等：《金融全球化》，齐建华、胡振良译，中央编译出版社2006年版，第5页。

直接对金融资本进行界定，而是把金融资本放在国际资本这个大背景下来揭示其本质与内涵。新自由主义政策下的国际资本在世界各国自由流动的经济活动，在大量国外经典文献中出现的频率非常之高。多恩布什[①]在其著作中解释了国际资本的概念，他认为国际资本是"国内外债券资产的可替代，并可对所希望的投资组合进行随时调整"。斯塔尔兹（Stulz，1981）则指出国际资本应该包括像股票等的风险性名义资产的交易。[②] 奥伯斯费尔德等（Obstfield et al.，1986）则对国际资本流动进行了界定，指出其是通过安全的名义资产形式来进行国际的自由借贷。[③] 这些经济学家都没有直接对金融资本下定义，而是直接对国际资本流动下定义，国际资本流动中包含着金融资本流动要素，这些国外学者首先在各自理论假设的基础上深入研究国际资本的流动，在特定范围内研究其某个特定的侧面，可以说只能算是对国际资本进行了大量研究，对金融资本的本质与内涵并没有进行深入研究。

（二）国内学者对金融资本理论的诠释

自 20 世纪 80 年代新自由政策实施以来，资本的全球化趋势对我国经济社会的发展产生了重大影响，我国要实现经济社会的可持续发展，不可避免地要融入金融资本全球化的时代进程。另外，20 世纪 80 年代一些新兴国家发生

---

① [美]多恩布什、费希尔：《宏观经济学》，李庆云、刘文忻校译，中国人民大学出版社 1997 年版。

② Stulz, Rene M., "Globalization of Equity Markets and the Cost of Capital", NYSE WP/99-02, 1999.

③ Obstfeld, Mauriee, Alan Taylor, "Globalization and Capital Markets", NBER WP/8846, 2002.

了颇为严重的债务危机，90年代这些国家又常出现金融危机，这些都是我国学者研究金融资本的重要素材。总体上来看，我国学者关于金融资本的研究成果比较丰硕，为金融资本理论的发展做了颇多贡献。

第一，部分学者从短期资本方面研究金融资本。中国学者司建平（2003）指出金融资本就是国际游资，是一种短期性流动资本，它以货币金融形态存在于国家之间，而同实际的生产和交换并没有直接的联系，金融资本的投机性极强，而且它的目的就是追逐风险利润，主要通过证券市场、衍生金融工具与短期信贷市场来从事金融投机活动。另外，司建平对当代资本社会的本质进行了大量研究，发现金融资本在发达的资本主义国家的经济社会中占统治地位，商业资本和工业资本是远远不能比的。金融资本在经济形态的本质方面表现为金融资本主义，其本质特点是金融突击与金融掠夺，而规模庞大、流动速度迅速的金融资本是西方发达资本主义国家进行金融突击和掠夺的主要工具，司建平所分析的金融资本属于短期资本。著名经济学家陈宝森（1999）也认为金融资本属于短期资本，他认为国际资本中的短期部分是国际金融资本，没有考虑其中的长期部分。他认为国际金融资本是一个集合概念，不受个别国家或者组织的控制，包括金融机构与各种基金的游资以及投机资本，其中，国际金融资本表现出了很强的投机性，可以说是一种国际投机资本，由于市场从众心理与杠杆效应的存在，国际投机资本经常会利用其达到攻击某国货币的目的。银锋（2013）从全球化视角研究金融资本，认为现代金融资本全球化的快速发展，主要是由于资本的逐利性，其目的是通过全球化获取利润。毋庸置疑，这里的在全球自由流动的金融资本也是短期资本。在经济学中，把金融资本视为短期资本在现实中受到了挑战。在当今的国际金融市场上期限较长的长期投资工具往往也具有相当高的流动性，所以和短期投资具有基本相同的效果，可以比较好地代替短期投资，主要是因为随着新自由主义政策的实施，二级市场逐渐高速发展，同时，金融产品得到了极大的丰富。短期资本"急刹车"（sudden stop）与反转（reversal）往往是多次货币金融危机的主要原因。这给宏观经济带来了颇为严重的影响，对于外商直接投资来说，则比较稳定。综上所述，这些学者关注的重点是短期资本，而短期资本被认为是金融资本，这个观点在当时比较盛行。

第二，另一些学者主要从微观角度来研究金融资本概念，认为金融资本具有融资功能。中国社会科学院美国研究所经济室主任王孜弘（2003）指出，发展中国家的商品市场、直接投资市场以及资本市场无一例外地被美国开拓，其中，开拓资本市场对美国来说颇为重要，因为资本市场是美国与发展中国家经济关系的关键内容，而金融资本是开拓资本市场的重要对象，涉及金融资本的业务主要是银行和证券。郝继伦（1998）从产业资本与金融资本融合发展的视角来界定金融资本，指出现代社会中的产业资本多以巨型化与集团化为共同特征的工业公司为主，与此对应的金融业资本多以垄断性商业银行与投资银行为中心，而在现代社会经济中这两者的关系逐渐密不可分，从信贷关系逐渐转变为内在资本的相互结合，金融资本由此形成。陈亨光、袁辉（2010）主要从金融化积累机制视角来分析金融资本，指出在金融化积累机制的影响下，货币资本和虚拟资本得到快速积累，同时促进了资本的流动与扩张，最终驱使各个领域资本的融合生长。王孜弘对金融资本的界定突破了资本主义社会的限制，他从微观经济主体的融资角度出发，拓宽了金融资本的内涵，他指出当代社会经济基础在不断变化，社会融资关系也会随之有所变化，而产业资本与金融资本是在融资关系发展的基础上逐渐融合的，这是一个大趋势。从以上可以看出，王孜弘对金融资本内涵与本质的阐释比较传统，认为产业资本与金融资本的融合节省了交易费用，这一点对现代企业制度的构建是一个很好的诠释，也是金融市场改革的关键。王孜弘、郝继伦、陈亨光与袁辉均是从微观角度分析金融资本，指出金融机构与非金融企业的关系是资本供应方与资本需求方的关系，金融资本是由金融机构向非金融企业提供融资而形成的，这是一种真实的资本供需关系。

第三，一些学者认为金融资本具有获取利润或者剩余价值的功能，主要从金融领域的投资角度来研究界定金融资本概念。宋玉华和徐忆琳（1998）主要对国际金融资本的运动规律进行了深入研究，他们指出，由于新自由主义政策的出现，金融自由化得以实现，金融创新层出不穷，国际金融市场也逐渐一体化，虚拟资本逐渐脱离并凌驾于实体经济，而国际金融资本借助于日新月异的现代科学技术迅速在世界范围内实现了金融垄断超额利润。国际金融资本运动的目的仍然与一般资本运动的目的相同，都是为了获取剩余价值，但是与一般的资本和一般的垄断资本也有不同点，其目的是获取高额垄断利润。国际金融资本属于国际资本,其活动范围是世界各个国家,它可以通过国际金融货币领域和"财技术",依赖其所固有的强大的垄断能力,攫取金融超额垄断利润。吴念鲁、鄂志寰(2000)主要从全球资本流动动因视角分析了金融资本全球化的问题,指出金融全球化包括资本流动的全球化,而经济周期及贸易因素、国际利率调整、资本账户管理政策、国际货币体系的发展,以及跨国公司与有关国际组织的政策意图等因素导致了金融资本的全球化,这些因素无疑和金融投资分不开,均是为了获取利润而跨越国界大规模流动。河南财经政法大学赵楠教授(2006)并没有对金融资本概念做出明确的界定,而是从金融发展、金融深化和金融稳定等理论方面做了大量研究,认为"中间工具"对金融资本国际化功能的发挥起着至关重要的作用。他提出金融资本可以在全球自由流动的中介是金融系统,储蓄与投资自然而然就是金融资本运动的载体,各种金融工具便是储蓄与投资的表现形式。从以上分析可以看出,赵楠教授主要在金融一体化背景下对金融资本进行了研究,这就是国际金融资本。他指出金融资本的所有者是各种金融机构,尤其是以对冲基金和养老基金为代表的机构投资者,各种金融资产转换流动就是金融资本运动的表现形式。总之,宋玉华、徐忆琳、吴念鲁、鄂志寰和赵楠五人都认为金融资本流动速度非常快,其运动的目的是获取最大化的利润,他们是从金融投资视角来界定金融资本的。[1]

---

[1] 赵楠:《金融资本国际化的绩效与条件分析》,《广东金融学院学报》2006年第1期。

第四，国内一些学者认为金融资本是金融资产，主要从金融资产角度来研究金融资本概念。钟伟（1999）提出金融资本是一种金融资产，主要是指证券与衍生产品，特别强调除了基础货币以外的金融资产都是金融资本。李翀（2003）主要研究了狭义的金融资本，认为其主要指债务工具、权益工具和其衍生的金融工具三种金融资产，而这三种工具都能产生收益，所以李翀主要研究能产生收益的金融资本，他同时指出金融资本是一种虚拟资本。窦祥胜（2005）指出金融资本只是一种中间形态，国内资本与国际资本通过金融资本这个渠道互相转换，国际资本只是国内资本通过国际金融货币市场特别是国际资本市场周转并转化的表现形式。还有一部分学者认为银行资本和证券化的资本是金融资本的主要表现形式，他们认为资本只包括实业资本与金融资本。但是从形式与内涵本质层面看，金融资本和金融资产存在着较大的区别，两者并不是相等的关系。这些学者从金融资产角度来界定金融资本，认为媒介资本流动的各类金融资产，如股票、债券、期权和期货等即是金融资本，指出金融资本必须是一定数量货币的代表，它必须依赖媒介金融资产才能在国际市场上流动，只有这样它才能存在。

第五，国内部分学者从金融资本与实体资本之间的适度发展来研究金融资本。刘锡良、齐子漫和刘帅（2015）主要通过新古典经济增长模型来研究关于资本形成促进经济增长的内生机制，指出国外资本、金融资本与真实资本三者之间要适度发展，资本形成不足和过度都会抑制经济增长，只有在适度状态下，才会促进经济增长，任何偏离适度状态的资本形成都会在市场机制下自动恢复到适度状态。王定祥、李伶俐、冉光和与吴代红（2009，2017）以资本分工视角作为切入点，指出金融资本是由于社会分工的需要从产业资本和商业资本中分离出来的，经济稳定增长的必要条件是金融资本适度形成，形成不足或过度都会损害经济的稳定增长，在市场机制健全和制度富有弹性的经济环境中，偏离适度的金融资本必然会恢复到适度状态，促进经济稳定前行。毛加强、胡衷艳（2010）通过帕累托理论模型，对我国东西部地区金融资本最优化问题进行了研究，指出西部地区金融资本和劳动的边际技术替代率均高于东部，东西部地区的金融资本配置尚处在不合理状态。

四　文献评价

（一）经典马克思主义学者文献评价

马克思并不是第一个提出金融资本概念的人，但他的资本积累与借贷资本的理论是金融资本理论的基础，为金融资本理论的出现奠定了基础。马克思处在一个特殊的历史时期，即资本主义自由竞争向垄断竞争转变的时期，也就是根据这个时期的特殊的社会经济情况，他对资本积累和资本集中进行了深入研究，同时对货币资本、生息资本、银行资本、股份资本和虚拟资本、信用和货币危机等也进行了透彻的分析，揭示了资本主义社会发展的一般规律。马克思的这些理论也为以后金融理论的出现建立了强有力的理论基础，同时也可以反映出金融资本的本质、规律、形成原因和发展趋势，甚至是反映出金融资本对经济社会的重要作用。

拉法格在马克思对自由竞争必然被垄断所代替的预见下首次提出了金融资本的概念，强调了金融资本不是简单地等同银行资本，金融资本是工业资本与银行资本密切联系所形成的，它属于特殊类型的资本。拉法格对金融资本的界定并不科学，但是他指出了金融资本的特点是工业资本与银行资本的融合，还强调了垄断资本的形成与发展促使了金融资本的形成。

希法亭则是从银行资本与工业资本的关系入手进一步深入研究金融资本，他将金融资本界定为固定在产业资本中的银行资本，货币形式的资本才是金融资本，金融资本也就是通过各种方式实际上转变为工业资本的银行资本。希法亭的金融资本概念强调了银行资本的统治作用，也就是在产业资本与银行资本的融合过程中银行资本占绝对的统治地位。

列宁在扬弃前人成果的基础上形成了独具特色的系统的金融资本理论，他所界定的金融资本是指银行垄断资本与工业垄断资本混合生长的产物，其中的银行垄断资本与工业垄断资本在地位上是平等的，银行垄断资本和工业垄断资本都可以是金融资本的核心。时至今日，列宁的金融资本理论仍然比较科学，具有借鉴作用。但是，随着资本主义社会的高速发展，当前的经济社会在各个领域已不同于以往，列宁的传统金融资本理论的解释力明显不足。

按照希法亭和列宁对金融资本概念研究的思路，可以将金融资本定义为大型金融混合资本、产业资本、商业资本和服务业资本融合以及其自我融合形成的一种资本，其中大型金融混合资本是指由商业银行和投资银行、基金和保险公司等组成的资本,这一定义涉及的范围很广。而根据马克思《资本论》对资本的描述,我们可以将同时满足流动性和增殖性要求的借贷货币资本和虚拟资本统称为现代金融资本。①

经典马克思主义金融资本理论的研究主要是从资本积累和资本集中理论角度出发,并以资本主义的社会化大生产过程为背景进行阐述的。经典马克思主义金融资本理论是金融资本理论的先行者,研究经典马克思主义金融资本理论的学者为以后金融资本理论的研究奠定了基础,而且他们对金融资本的内涵与本质做出了深刻的分析研究。从经典马克思主义金融资本理论可以看出,金融资本具有两方面完全不同的含义:第一,金融资本与工业资本逐渐融合,进而向国家垄断资本主义发展;第二,仅仅指银行和金融机构,与工业资本的利益完全对立。但是从历史范畴来看,金融资本的概念必然随着资本主义经济的发展而发展。第二次世界大战后,银行资本高度集中与垄断化过程随着生产集中与垄断的进一步发展而加快,发达资本主义国家的银行资本和工业资本迅速成长,主要采取多种形式混合发展,达到了前所未有的高度。与此同时,非银行金融机构与非工业垄断企业得到了很大的发展,经典马克思主义学者的传统金融资本概念范围已经相对狭窄,和当代资本主义经济社会的现实有一定的差距,金融资本的内涵和外延需要进一步拓宽。这具体表现在:一是第二次世界大战后,各种

---

① 窦祥胜:《国际资本流动与宏观经济运行分析》,中国财政经济出版社2005年版。

非银行金融机构，如储蓄机构、保险公司、养老基金、投资基金以及投资银行等，已快速成长为产融结合的中坚力量。二是工业在国民经济中的地位相对下降，其他行业如商业、运输业、公用事业、服务业以及信息产业获得了很大的发展，尤其是服务业的迅速发展。所以，现代垄断资本的融合，不能只局限于工业资本和银行资本的融合。

（二）自第二次世界大战以来的金融资本理论文献评价

1. 第二次世界大战后金融资本理论评价

20世纪30年代资本主义社会出现了经济大萧条，西方资本主义国家在一定程度上对金融资本进行了一系列的制约，限制了金融资本与实体经济间的联系，造成了自第二次世界大战后至20世纪六七十年代金融资本问题不再是政治经济学的主要研究对象。学术界对于金融资本概念是否存在争议颇大，更有西方学者提出了金融资本消失论，但是另一些学者也肯定了金融资本的存在。第二次世界大战后对金融资本概念理论的分析仍沿袭了经典马克思主义学者一贯的研究方法，主要研究金融业和非金融业之间的关系，研究对象仍然是资本主义社会的经济现状。第二次世界大战后的金融资本是更加广泛意义上的资本联合与融合，已经不再局限于工业资本和银行资本，而是更加多元化的资本联合。这种联合，不但揭示了私人垄断资本的实质与发展规律，即生产力的发展必定导致集中与垄断，进而金融资本必定是各种垄断资本的融合，还揭示了国家垄断资本在战后的崛起与发展。第二次世界大战后金融资本的实质是金融业垄断资本与非金融业垄断资本的混合生长和融合，仍旧符合马克思主义关于揭示资本主义制度经济的思想，是对经典马克思主义学者关于金融资本概念理论的继承、深化与发展。

2. 20 世纪 80 年代至今金融资本理论评价

由于自 20 世纪 80 年代开始实施以自由化、放松金融管制和私有化经济政策为核心的新自由主义体制，金融资本在发达资本主义国家成功地突破了自 1945 年至 70 年代末期经济滞涨所带来的束缚和制约资本活动的大部分羁绊与屏障，全球经济金融一体化程度日益提高，金融资本理论的内涵和外延拓宽了。这一时期同样沿袭了经典马克思主义学者一贯的研究方法，也就是仍以资本主义经济的现状为研究对象，重点仍然是考察金融业和非金融业之间的关系。金融市场中的交易工具、交易方式等不断得到创新，由此场外衍生产品交易市场的未清偿合约名义价值必然远远超越交易所交易规模。这一时期学者对金融资本的界定是：用于投资于各种金融资产并且价值无限增大的货币资本。这个时期的金融资本具有国际性，主要是由于这个时期的金融资本可以自由流动，一些发达的资本主义国家能够利用本国货币依靠国际融合或者其他方式支配全球货币资本。

（三）金融资本理论文献研究不足

从国内外文献来看，马克思（1865）最早通过揭示货币经营资本的产生而间接地揭示出金融资本理论的形成规律，但马克思并没有深入研究金融资本概念理论的形成，以后的学者提出并拓宽了金融资本概念的外延。从对国内外金融资本理论的文献整理可以发现存在以下几点问题。

第一，没有真正揭示现代金融资本的本质，没有给金融资本概念理论一个还原，也就是金融资本还原论。大部分学者是围绕经济增长展开对金融资本理论的分析和阐述的，尤其是围绕金融资本和产业资本之间的关系而展开一系列论述，可以说是一个经久不衰的话题，他们提到金融资本对经济社会的正面或者负面影响，但没有人认真分析论述金融资本的本质，从本质上认识金融资本。只有把握其本质，利用社会经济发展规律，才能做到让金融资本真正服务于实体资本，而不是严重脱离实体资本。

第二，缺失对金融资本异化的深入研究。现代金融资本的本质作用等已经完全不同于金融资本产生的初衷，其初衷是促进社会经济的发展，但是现代金融资本已经异化了，其接连不断地引起金融经济危机，导致全球经济的倒退，严重危害了经济社会的发展，动摇了社会根基，加剧了各阶层之间的矛盾，无产阶级越来越贫困，影响了和谐社会主义社会的构建。因此，很有必要研究金融资本异化的相关问题，必须使异化的金融资本回归其本原，才能避免或者弱化对经济社会造成的不良影响。

第三节 研究思路与内容

一 研究思路

本书首先综述国内外关于金融资本的文献，对国内外文献做出一个评价，接着对现代金融资本的含义进行研究，揭示现代金融资本的本质与功能，对现代金融资本进行界定，指出现代金融资本的特征，接着指出金融资本与虚拟资本的不同之处，给金融资本还原论一个理论界定；其次，对金融资本异化论展开分析，对金融资本异化进行界定，指出导致金融资本异化的因素、金融资本异化的客观标准与金融资本异化引起的不良现象；再次，为了避免或者弱化由金融资本异化带来的一系列社会经济问题，必须对金融资本进行还原，找出金融资本的本原，并对金融资本如何还原到本原进行分析；最后，为了应对金融资本异化及其带来的一系列问题，提出政策建议。

二 研究内容

本书主要研究了金融资本理论的发展演变、现代金融资本的内涵、金融资本异化论与金融资本还原论四个方面。本书的核心是金融资本异化论与金融资本还原论研究，其目标是还原出金融资本的本原，解决由于金融资本异化带来的一系列经济社会问题。本书主要分六个部分进行论述。

第一章，导论，介绍研究的背景、意义、思路与内容、金融资本理论研究文献、创新之处、研究方法等。其中在金融资本理论研究的文献回顾中，在现有文献研究的基础上，指出现有文献研究的不足：没有真正揭示现代金融资本的本质，缺失对金融资本异化的深入研究。

第二章，金融资本理论概述。首先，详细论述现代金融资本的含义，给其做了一个界定，指出现代金融资本具有两大正面影响特征：第一，促进资本的合理流动，优化配置资源；第二，促进金融深化与金融市场的发展。同时，指出现代金融资本具有四大负面影响特征：食利性、贪婪性、掠夺性以及破坏性。此外，还指出金融资本与虚拟资本的不同之处。最后，对金融资本还原论进行了理论界定。

第三章，金融资本异化论。对金融资本异化论展开分析，界定金融资本异化，指出导致金融资本异化的因素为：布雷顿森林体系崩溃、选票政治、金融过度自由化与市场异化以及人性的贪婪。同时，对金融资本异化的客观标准进行了分析研究。最后指出，金融资本异化引起的不良现象为：实体经济萎缩、信用崩溃、金融领域不确定性增加、社会风险加大、贫富差距扩大，以及金融危机。

第四章，金融资本还原论。本章主要论述了为了避免或者弱化由金融资本异化带来的一系列问题，必须对金融资本进行还原。首先从货币形式与资本形式对金融资本的形成进行分析，接着基于金融资本的形成对金融经济危机进行分析，最后指出金融资本的本原是为实体经济服务，而不是直接创造剩余价值。

第五章，政策建议。本章主要在以马克思主义理论为指导思想的基础上，尊重市场经济发展规律，结合当前经济社会存在的一些问题，提出应对这些问题的六条政策建议：第一，坚持马克思主义指导原则，正确理解金融资本还原理论；第二，征收金融交易税；第三，避免过度金融化；第四，鼓励资源向实体经济部门流动；第五，严格控制被严重虚拟化的金融资本的流入；第六，严格控制与监督国际资本的流动。

第六章，结论与展望，对全书的观点进行概括总结。

第二章 金融资本理论概述

第一节 现代金融资本的含义

金融资本理论的发展具有历史性,属于历史范畴,所以金融资本理论的拓展必然是伴随着经济社会的发展而不断地进行完善。马克思主义经典金融资本理论是解释现代金融资本理论的基础,现代金融资本理论不仅要继承经典马克思主义金融资本理论的思想精髓,还要根据当今经济社会的基本情况加入一些现代元素。当今的经济社会的发展情况已不同于以往,现代金融资本不管在内涵上还是在外延上必然要增加一些不同的内容,既要坚持马克思关于金融资本理论的思想基础,又要和当今的经济社会接轨,与此同时还要显示出与一般垄断资本的区别。要给现代金融资本界定一个符合当今现实的科学定义,必须清楚了解金融资本的本质与功能。

一 现代金融资本的本质

现代金融资本从本质上来说是一种虚拟化的货币资本,

基本上脱离了实体经济。可以从金融资产的角度来定义金融资本，像媒介资本流通的各种金融资产都属于金融资本，而这些金融资产已经完全虚拟化，如股票、债券、期权以及期货等。这些媒介资本流通的各种金融资产之所以从本质上是虚拟资本，一方面是由于其本身没有价值，它的价值是虚拟的，只是资本所有权和收益权的证书，它的价值是由它的收益派生出来的，另一方面是由于它与实际资本和它所代表的资金相脱离。实际资本是相对于实体经济而言的，是与虚拟资本相对的。实际资本也可被称为实体资本，指的是企业拥有的厂房、机器和原料等发挥职能作用的资本，具体包括各种生产资料与生产工具，各种产品、商品和流动资产以及金融商贸资本等以实物存在的物化资本，资本的第一种存在形式是实体资本。实体资本本身具有价值，直接参与生产过程并能够带来剩余价值，而虚拟资本本身没有价值，其借着某种权利参与剩余价值的分配，以有价证券的形式存在并能给其持有者定期带来一定收入，它还包括国家债券与以各种不动产作抵押的有价证券。现代金融资本虚拟化已经比较严重，对企业的运营以及企业的实体资本影响逐渐弱化。可以说，现代金融资本是一种虚拟化的金融资产。现代金融资本的形成大致经历了四个阶段：第一，代用货币，它是金融资本的萌芽阶段；第二，信用货币资本，它是金融资本的产生阶段；第三，有价证券，它标志着金融资本的发展；第四，金融衍生产品，它标志着金融资本的成熟。

二 金融资本的功能

金融资本具有许多功能，它属于资本，同时也具有资本的诸多功能，另外其是资本的高级阶段，自然与一般资本不同。本章就不逐一介绍与一般资本相同的诸多功能了，仅介绍两个和经济社会的发展密切相关的主要功能，即融资功能与投资功能。[①] 这两个功能是一个广泛被接受的概念。[②]

（一）融资功能

融资（financing）即融通资金或调度资金，也就是指货币资金的持有者与需求者之间进行的直接或间接的资金融通的活动。融资一般可以分为直接融资与间接融资，直接融资是指借款人直接向贷款人进行的融资活动，例如个人直接以最后借款人的身份向最后贷款人进行融资，其融通的资金直接用于生产、投资与消费等。间接融资是指通过金融机构的媒介而由最后借款人向最后贷款人进行的融资活动，如企业向银行、信托公司等进行融资行为。因为具有融资功能，金融资本可以满足政府以及个人对资金的需求，即在政府出现赤字或者个人预算不足时，发行债券即可进行资金的融通，进而使市场上金融工具的供给增加，如票据、债券以及信贷的供给，当然这也促使货币资金发生转移——从资金富足者向资金短缺者转移。

---

① 此处的投资是广义概念下的投资，是一种预先垫支的经济行为，目的是获得未来的报酬或收益而垫支资本或货币。

② Cohen, D., "How Will the Euro Behave", in P. R. Masson, T. H. Krueger and B. G. Turtelboom, eds, *EMU and the International Monetary System*, Washington, DC: IMF, 1997, pp. 397 – 417.

经典马克思主义金融资本理论的研究主要是从资本积累与资本集中理论角度出发的，具有强烈的时代特色，偏重从生产关系角度来研究金融资本，并以资本主义的社会化大生产过程为背景进行阐述。经典马克思主义学者的传统金融资本概念相对于现在的生产高度集中与垄断进一步发展而言已经相对狭窄，但其对于金融资本的融资功能进行了着重说明，也就是从金融资本对产业资本的推动作用以及产业资本对金融资本的依赖性两个方面着重说明。垄断资本主义的基本特征即金融资本和产业资本的融合，同时这也是垄断资本主义的本质。在现今的市场经济中，产业资本以及金融资本的融合，促使金融资本利用其融资功能来支持产业资本的发展，同时融资功能也是完成企业重组、并购以及推动高新技术企业蓬勃发展的非常有成效的途径。融资能够扩大企业规模，经由融资，金融业就拥有了资本集中、资本配置与资本积聚三个功能。全球金融一体化的逐渐加强，使得金融资本对经济发展的推动作用更加显著，能够对生产要素进行调集以及配置，进而对经济产生影响并进行调节，更显示了金融资本的极端重要性。

（二）投资功能

金融资本的投资功能主要指的是政府以及个人对于财富的配置问题，在此我们将投资功能划分为两个层面：首先是以储存或价值保值为目的持有资产，比如投资不动产或者购买黄金等。其次是作为一种交易方式，即二级证券市场买卖与外汇市场及其他金融市场进行的金融资产的转换，市场上债券、信贷、票据等的需求增加[①]，资产所有权或者收益权的易手都将引起金融资本的反向流动。因此，在金融市场上，金融资本的流动总是伴随着其收益权与所有权之间的转换，这也反映了金融资本的本质及其投资功能。

全球经济金融一体化程度日益提高，金融资本理论的内涵和外延拓宽了。但从市场地位层面看，从20世纪90年代至今，金融资本的规模在量上和速度上都得到了迅速膨胀，这种迅速膨胀导致金融资本严重脱离实物经济指标的增长速度，例如世界贸易和世界总产出等指标。这主要包括四个方面：第一，一些发达资本主义国家为了刺激本国的经济，低利率政策长期被实施，对这些发达的资本主义国家而言倒是获得了国内的信用膨胀，对全球而言，导致了全球资本流动性过剩。[②] 第二，全球经济金融一体化程度日益提高，致使各个国家金融发展高度自由化，进而金融资本的空间得以拓展。第三，布雷顿森林体系崩溃，从而使得以美元为中心的固定汇率制彻底瓦解，而浮动汇率制的出现使得汇率与利率剧烈动荡，从而导致金融资本的虚拟化，毋庸置疑，货币资本也彻底地虚拟化了。第四，随着全球经济金融一体化程度日益提高，电子技术和金融工程技术得到迅猛发展，金融市场一片繁荣，随之衍生化、

[①] Carsten Detken and Philipp Hartmann, "The Euro and International Capital Markets", *International Finance*, Vol. 3, 2000, pp. 53–94.

[②] 凯恩斯指出货币本身不具有实质价值，只是一种名目货币，国家本来可以依靠权力创造信用，但是有效需求经常不足，只有凭借国家力量向公众与国外输出本国货币、国债等金融资本，这也是资本主义社会获取经济增长与克服危机的办法，促使以美元为首的金融资本在世界范围内极速膨胀，而美元金融资本的无限制输出导致其他资本主义国家无条件地输入这些过剩的美元金融资本，而且迫使本国金融资本输出。

证券化以及机构化得到了空前的发展。

自20世纪80年代全球经济金融一体化以来，金融资本不再局限于国界而在全球自由流动，从表面上看金融资本成了一种无国籍的"中性"的东西，就连比较守旧的发展中国家也采取一系列措施，如积极放开金融业以及加快基础设施建设，借此进一步加快金融的发展步伐，同时，为了引进金融资本促进其经济蓬勃发展还推行了一些优惠政策。金融资本支配和控制了各国的经济社会生活，发达资本主义国家大量发行金融资本，从一些发展中国家掠夺和获取了巨大超额利润。金融资本在促进各国经济进一步融合方面作用重大，同时，金融资本逐步国际化，从国内移向国外，在国际市场参与套利和投机活动。通过以上的分析发现，金融资本实质上并没有造福社会，而是压榨大众无产阶级，为资本家谋取利益，这充分反映了金融资本的投资功能，其目标是利润率与资本积累。

三 现代金融资本的定义

在资本的历史形态的发展过程中，金融资本是资本发展的最高阶段，它属于历史领域，其内涵必然随着资本主义的发展而发展，但其必须遵循马克思主义的基本思想与经典马克思主义学者所提出的经典理念，而且要结合当代资本主义社会的发展现实，与此同时，还要与一般垄断资本区别开。自20世纪80年代以来，由于生产的高度集中以及垄断的加剧，为促进非工业垄断企业以及非银行金融机构的快速发展，国家银行资本和工业资本采取多种形式混合成长，主要表现有：非银行金融机构迅速成长为产融结合的中坚力量，如各种储蓄机构、保险公司、养老基金、投资基金以及投资银行等；商业、运输业、公用业、信息产业以及服务业等在国民经济中的地位上升，而工业则显著下降。由此看来，金融资本的融合不能仅仅局限于银行资本和工业资本。

根据以上理论分析，可以把现代金融资本定义为：作为一种垄断资本，金融资本具有控制力，由金融业与非金融业垄断资本融合形成，其目标是追求无限的价值增殖，利润最大化，也就是剩余价值最大化，企业、政府部门和机构是金融资本的重要承载者，它们掌握着大量的货币资金并且把它投入金融领域。其中，金融业垄断资本不仅包含传统的商业银行垄断资本，也包括非商业银行垄断资本与其他垄断金融机构资本；非金融业垄断资本则包括工业垄断资本与一切非工业垄断资本。随着在金融经济一体化背景下金融资本控制作用的发展，通过国际融合等方法，发达资本主义国家将其货币资本转变为在国际市场上具有支配地位的货币资本，进而形成国际金融资本。

由以上分析可知，现代金融资本理论体现了历史领域与经济领域的统一，把二者结合起来，既体现了产业资本和金融资本的统一，又体现了金融资本对产业资本发展的基础作用，发展与继承了经典马克思主义学者关于金融资本理论的思想。

第二节　现代金融资本的特征

资本具有历史性、社会性、增殖性、垫支性以及运动性五种属性，而金融资本是资本历史形态演进的最高阶段的产物，也就是资本的最高阶段，同样具有资本的五种属性，按照金融资本的这一特性，我们可以说：金融资本是一种运动着的垄断资本、生息资本以及全球化资本，是货币资本的一部分，而且它的主体与核心是货币资本。著名德国学者约·比朔夫指出，当代金融产业部门主要依靠两大资金基础来发展自己：第一，资本主义再生产的过程中会按期流出的货币资本；第二，利润收入中能够积累或者能够增殖的那一部分，其也是由资本主义再生产过程中定期释放出来的。由此可见，要深入理解金融资本的内涵，就要首先理解货币资本，而且仅仅当其投资于金融资产时，这些货币资本才可被称为金融资本。由此可以看出，金融资本具有一般货币资本的特征，即可直接用于交换、流通、延迟支付与价值贮藏等。此外，从金融资本对经济社会的影响来看，作为一种特殊的货币资本，现代金融资本具有正面影响和负面影响两方面的特征。从正面影响来看，现代金融资本具有两大特征：第一，促进资本合理流动，优化配置资源；第二，促进金融资本深化与金融市场的发展。从负面影响来看，现代金融资本主要有破坏性、贪婪性、掠夺性以及食利性四大主要特征。

一　正面影响层面

（一）促进资本合理流动，优化配置资源

自布雷顿森林体系崩溃后，实行浮动汇率制度，金融经济一体化程度逐渐提高，世界各国金融市场对外开放程度也逐渐提高，金融资本对各国的经济社会做出了相当程度的贡献。在经济社会化大背景下，金融创新层出不穷，这就突破了传统资本管制的一些措施，使得各国金融市场相互联系起来，其中金融资本运动的工具、渠道与技术起到了关键作用，金融资本可以在各个国家之间自由流动，其渠道是正常方式，隐藏在贸易与投资中。一方面，现代金融资本给发达国家的经济社会带来了不少好处，金融创新反过来对其金融全球化的实现与金融资本的跨境流动创造了比较有利的宽松环境，从而驱使金融资本为其带来更高的利润，最终使其国民的福利和养老保障达到更高的层次。另一方面，现代金融资本也给一些发展中国家和落后国家带来了好处，由于这些国家大多对金融资本的认识比较缺失，且大多出现了金融抑制的现象，金融部门对实体部门提供的金融服务相应不足，阻碍了实体经济的发展。这些国家可以利用其他国家流入的金融资本来填补其金融资本的不足，这样一来，实体经济获得了金融服务，经济也就相应地得到了发展。

可以看出，现代金融资本可以优化资源配置，其自由流动驱使资本市场逐渐走向成熟并得到完善。另外，现代金融资本的运动和直接投资有很大的不同，直接投资仅仅被限制在一个国家的经济社会发展过程中的基本因素，而

现代金融资本则灵活得多，因为它主要追逐的是短期利润，不管什么因素产生变化，金融资本基本上都会随时在各个国家之间流动，使得资源达到优化配置，而金融资本的自由流动也会加强这种因素的变化趋势，资源可以不断地进行优化配置。

（二）促进金融深化与金融市场的发展

现代金融资本的自由流动促进了各国金融市场的发展与金融深化，这里的金融深化针对的主要是不发达国家。美国经济学家 R. I. 麦金农和 E. S. 肖指出，金融深化的目的主要包括三个方面：第一，对不合理的金融制度进行改革；第二，金融得到自由化发展；第三，实现经济增长的目的。而现代金融的自由流动可以加速实现金融深化的目的，因为自由流动加强了各国金融市场的联系，同时产生了竞争，由于追求利润最大化原则，一些国家不得不对其不合理的金融制度进行改革以便更适应经济社会的发展，与此同时这些国家的金融也会得到自由发展，在这样合理的制度下，必然会实现经济增长的目的和金融市场的发展。

现代金融资本促进了金融部门的飞速发展，使得金融资产逐渐提升，其通过 M_2/GDP 的值逐渐升高表现出来。另外，从微观角度来看，现代金融资本促使金融业逐渐处在激烈竞争与规范化的状态，加强了市场的作用，使得供求关系决定资本价格，而且驱使有组织的金融市场与无组织的金融市场逐渐统一。而从全球来看，现代金融资本流动性很强，其属于国际资本，可以加强金融深化。现代金融资本驱使金融业逐渐与金融交易相对于金融中介服务的需要相适应，还促使了金融结构的调整。可以说，金融市场的完善和金融深化为金融资本的运动提供了较好的、可以自由流动的场所与投资工具，同时为金融资本的流动提供了安全性保证，对金融资本预期获取超额利润的目标产生了正面影响。反过来，现代金融资本促进了金融领域中资源的优化配置，促进了金融市场的发展和金融深化。

二 负面影响层面

(一) 食利性

"食利者"这一词语由列宁首次提出，是指部分人不参与生产活动，而是专靠其拥有的钱来吃红利，也可以说是靠钱生钱来养活自己的那部分人。食利者阶层不参与生产活动，也就不会创造出商品，所以这部分人不创造真正的价值，其对推动生产力的发展进程并未起到任何作用。列宁指出，在帝国主义国家少数人掌握多数货币资本，于是以剪息票为生的食利者阶层出现，这些人并不参与企业的经营活动，他们和生产者完全不同，终日游手好闲、无所事事。食利者阶层完全是依靠他人的劳动而存在的，具有寄生性，自身没有创造价值，完全靠占有他人的劳动成果而存在，就像是寄生虫，如果其寄生的主体不存在了，完全靠寄生的寄生虫也必然会死亡。

寄生性不仅仅是现代资本主义的本质特征，也是当代金融帝国主义的本质特征。金融资本具有垄断性，属于垄断资本，金融家通过金融垄断获得利息股息，很自然地成为食利者阶层。资本输出是帝国主义最重要的一个经济特征，它使食利者阶层完完全全离开生产领域，那些经常对其他国家和其殖民地进行剥削的国家，也像食利者阶层一样具有了寄生性。金融帝国主义具有与生俱来的寄生性，它不仅可以体现在资产阶级方面，在一些无产阶级的特权阶层也体现得淋漓尽致。列宁指出在全球贸易最发达的国家，食利者的收入更是高得离谱，居然是对外贸易收入的五倍，充分揭示了帝国主义和帝国主义所具有的寄生性的本质特征。

在金融资本主义的世界里，货币不是资产而是债务，发行货币可以说是打白条借债，美国大量发行货币就是如此。发生金融危机时，美国大量发行货币，由于金融资本在金融化背景下可以自由流动，美元流向全世界，向全世界人民打借条，尤其是流向发展中国家，轻松占有第三世界人民所创造的财富。俄罗斯总统普京曾经说过，美国是美元垄断地位下的"寄生虫"，而不是世界经济的"寄生虫"。美国通过发行大量的主权债券来填补其政府的巨额财政赤字，接着就会实施量化宽松政策，这样一来美元随之贬值，美国从中获益，而那些持有巨额美元外汇与其主权债务的债券国家的利益受损，必然受到巨大的经济损失，我们国家也由此受到了巨大的损失。美国依靠美元霸权的地位，操纵控制着美元利率或者汇率，让全世界人民为其经济调整的成本埋单。美国金融资本主义依靠货币贬值（也可以说是量化宽松政策）和"打白条"等变相地摧毁债权或者变相赖账，轻而易举地占有他国人民的财富。

(二) 贪婪性

贪婪性是指金融资本是垄断资本，以获得最大利润为目的。资本是能够带来剩余价值的价值，而金融资本是资本演化的高级阶段，已经被虚拟化了，其追逐利润的本性是不会改变的，利润是由剩余价值转化而来的，因此，现代金融资本的本性也是追逐剩余价值，具有贪婪性。马克思指出，资本具有逐利性，是能够带来剩余价值的价值。资本的内在属性是对剩余价值的追求，当然这是在保值的前提下，马克思曾经形象地指出，当剩余价值率达到100%时，任何形态的资本都在法律之上，敢于践踏世界上的任何法律，这充分说明了资本的贪婪。而金融资本本来就是一种资本，不可避免地存在贪婪性。

金融资本作为生息资本，它是不停运动着的，并且只有通过运动才可以完成其对利益的追求。马克思提出，货币要想变成资本，必须要进入生产循环过程，而资本要想实现其自身的增殖，就必须保持流动。所以，资本是一种运动着的价值，只有在运动中才能增殖。其依次经过生产领域和流通领域，持续不断地进行资本循环和周转，在运动中保持其原有价值并使其增殖。而金融资本是资本的高级阶段，它只有在运动中才能增殖，通过运动追逐剩余价值，体现了贪婪性。

在目前日益成熟的国际金融环境中，在相对简易的流通领域、贸易循环以及生产领域，金融资金已经很少出现，它开始向流动性相对比较高的金融工具的买卖行动中转移。从20世纪80年代至今，金融资本大规模、频繁地跨国流动，特别是自90年代以来，美欧等发达资本主义国家提出金融自由化政策，与此同时，一些新兴市场国家也开始对开放资本账户的行为努力推广，并且由于国际通信网络等高新科技的蓬勃发展，大体上在全世界范围内，金融资本已可以 24 小时全天候不受约束地转移，显而易见这推动了全球金融市场的高度一体化，而全球金融市场一体化也促进了金融资本的自由流动。金融资本作为生息资本在流通过程中，以货币为载体，投资到金融资产中，有两种流向：一小部分流向产业领域，联合产业资本一起构成了垄断金融资本，这个流向的金融资本是为了实现对剩余价值的追求，毫无疑问，剩余价值的分配过程它也参加；而余下的基本都与实业领域相分离了，此时"财技术"就发挥了至关重要的作用。金融资本在汇市、股市以及债市上流通，金融投机必然会担负着一定的风险，这是因为金融资产将来的价格并不能够确定，需要获得相应的报酬来补偿所承担的巨大风险，这就是"财技术"。这充分说明了金融资本的贪婪性，依赖于"财技术"的金融资本的流动已经不是传统意义上的垄断资本在生产领域获取垄断利润，而是获取了不管从质上看还是从量上看都是垄断的超额利润：首先，按量来讲，运用"财技术"能够按几何级数的速度来实现超额垄断利润的增加，但是生产领域中则是按算术级数的速度来增加垄断利润；其次，按质来讲，前者与生产领域已彻底分离，主要是追求金融资本的滚利或生息，而创造以及应用金融资本的能力和对垄断利润的贪婪程度则决定了滚利或生息的多少。由此，金融资本越来越脱离生产领域而与实物领域脱离，从而变成游离于实物领域之外的"热钱"，表现为金融资本的贪婪性越来越强。

另外，从估价效应来看，金融资本也具有贪婪性。造成金融资本在全球范围内流动的因素不仅包括投资组合机制及利率机制，价值评估效应也是一个很重要的因素，其是通过财富转移来促使资本流动的。估价效应是指由于对外投资价值的大幅度变动所引起的金融资本的流动，也就是一个国家或者政府若有大规模的对外头寸，那么当其他资产的价格发生变化或者外汇汇率发生改变的时候，都会引起对资本价值的重新评估，然后导致对外投资价值的剧烈波动，最后导致金融资本的流动。一国或者政府对外头寸规模越大，当外汇汇率与其他资产价格改变时，由价值重估所引起的对外投资价值也就越大，对金融资本的流动的影响势必就会越多，反之则越小。比如，当一个国家的证券价格、房地产价格或者是本币汇率趋于上升趋势时，为了追求收益，国外投资性资本一定会巨量涌入，就像我国当今的情况。① 从外汇管理局公布的关于国际收支的资料来看，从 20 世纪 90 年代开始，我国资本的流入呈现出逐渐上升的趋势。

（三）掠夺性

金融资本是一种全球化的垄断资本，同时也是虚拟化的金融资产，到处投机扩张。其掠夺性是指一些发达资本主义国家或者个人通过金融资本掠夺占有发展中国家的财富，培养了一批食利者阶层，其依靠金融资本的统治从全世界收取贡赋，悠然地过着舒适的生活，完全不参与剩余价值的生产，只参与剩余价值的分配，靠剥削无产阶级生

---

① 爱尔迪投资顾问有限公司总经理马健杰在上海举行的"2005 年国际资本中国专案对接高峰论坛"上表示，大多数国际资本对中国人民币有升值预期，因此现在大量国际资本有涌入中国的动机。

产的剩余价值来存活。

经过 30 多年的演变，金融资本不再主要是为了实体经济融资、为实体经济服务，而是更多地为自身服务，为自身融资，也就是用钱来套取更多的钱。金融资本的交易活动也大部分与实体经济无关，严重脱离实体经济而运行，展开了钱与钱之间的投机博弈。据相关媒体报道，实体经济每年创造世界财富大致 45 万亿欧元，而金融资本所创造的世界财富则高达 2450 万亿欧元。在金融市场上，股票与债券交易额超过 600 万亿美元，是商品与贸易服务的 10 倍。

金融资本是一种全球化的垄断资本，所以它可以不受任何一国政府的限制而跨国界的存在，可以一天 24 小时自由地在商品市场、外汇市场、证券市场以及黄金市场上流动。金融资本投机性很强，破坏性也很大，为了追逐高额垄断利润，各种有损大众的交易都会出现，甚至是发动战争来掠夺利润。例如，20 世纪 80 年代以来，由于一些西方发达资本主义国家对金融资本的投机炒作，东南亚与南美一些国家爆发了国际债务危机，这些发达资本主义国家从危机中掠夺了大量金钱。金融资本的根本目标，依旧是维护其总体利益，具有高度垄断性、寄生性与掠夺性，尤其是掠夺性。

接下来，就具体说一下金融资本利用其全球化和垄断性来掠夺大部分人。

首先，金融资本是一种垄断资本。第二次世界大战前金融资本的流动范围基本都在国内，它经由金融垄断资本以及产业垄断资本的彼此融合垄断了国内的经济，然而第二次世界大战之后，全球经济金融一体化程度日益增强，跨国银行以及跨国公司急剧增加并相互联合，提高了金融资本的国际化程度。而国际金融资本的一个显著特点就是全球流动性，一些发达国家或者金融大亨可以全世界掠夺财富，因为国际金融资本的垄断范围包括本国、全部的资本主义国家，甚至是全球，它的掠夺性对全球经济社会的蓬勃发展造成了严重影响。特别是在布雷顿森林体系坍塌之后，汇率从原来的固定汇率变成了浮动汇率，金融资本可以在各国开放的金融市场上自由流动，进而为金融资本的掠夺提供更大的空间。特别是发达的资本主义国家，其国内的金融资本寡头集团，拿着大量资金穿梭于世界各国的金融市场，规模巨大，足以控制世界经济。通常，金融资本的垄断性还体现在各国的金融业在经济社会中的地位，目前来说，其地位是空前高涨，金融资本带来的产值占GDP的比例逐渐上升。另外，根据国际清算银行估计，目前全球存在的游资数量大大超过一些中小型国家的国民生产总值，已经超过7万亿美元，在世界上形成超国家的支配力量，其经济控制力足以超过世界上的主要经济大国。通过其强大的支配力量，这些游资对全世界的金融市场进行垄断，进而得到数额惊人的垄断利润，其掠夺性空前。

其次，作为一种全球化资本，金融资本利用其可以在全球自由流动的特点来进行掠夺。由于网络通信与电子计算机等通信工具日益先进，20世纪80年代以来，美国等发达西方资本主义国家放开金融管制，全球金融化浪潮高涨，各国资本账户对外开放，虽然发展中国家相对发达国家而言金融自由化程度相对较弱，但这些新兴发展中国家在资本账户可兑换方面也取得了很大的进展，其国内金融化程度逐渐提高。例如，在1991年到1993年期间，许多发展中国家逐渐放松、减弱对长期与短期证券投资流入的管制，而且商业银行与居民的外汇业务管制也实行自由化政策，部分拉美国家与亚洲国家逐步实现了完全的货币可兑换。随着经济金融一体化的出现，IMF的大部分成员也实行了金融市场对外开放政策，金融资本可以在全球24小时全天候自由流动。与此同时，金融资本规模急剧增加，亚洲金融危机就是由国际对冲基金引起的，由此看出，其对世界经济社会的影响力也与日俱增。金融经济的全球化使得金融资本可以在全球范围内自由流动，从而促使各个国家和地区之间在国际金融市场中的融资条件趋向相同，利率之间的差距也越来越小，而且各个国家的利率呈现出显著的波动联动性，进而导致各国的资本市场价格逐渐趋于一致。由于这种趋同现象的出现，在过去的20年，世界上那些重要的工业国的中央银行基准利率趋于一致，在90年代之后，德国、日本以及美国这三个国家的中央银行基准利率一度为6%，即便之后也发生了一些波动，但整体上出现趋同现象，利差出现了比较稳定的现象。另外，欧洲主要发达资本主义国家的利率水平随着欧元的出台率先进入趋同趋势。最后，金融资本的全球化还主要表现为其流动速度的急剧增加与金融资本在各国间流动规模的大力扩张。

（四）破坏性

从之前分析金融资本具有的食利性、贪婪性和掠夺性可知，金融资本具有很大的破坏性，破坏了国民经济结构的稳定，带来了很大的危害，动摇了社会根基，加剧了各阶层之间的矛盾，无产阶级越来越贫困，造成了依附于金融资本的实体资本、商业资本以及农业资本之间的矛盾。金融资本没有很好地为实体经济服务。2008年美国发生的金融危机波及全球，华尔街便在此次金融危机中遭受重大损失，促使了"占领华尔街"运动在2011年的发生，其不仅严重影响了全球的主要金融市场，而且快速蔓延到了实体经济领域，全球经济受到了重创。目前金融危机最困难的时期已经过去，但是仍然面临着后危机时代复苏经济以及发展经济两大重任。现如今，虚拟化的金融资本控制了全部资本主义国家，小部分人剥削大部分无产阶级，必然激化资本主义社会的基本矛盾。金融资本的破坏性主要表现在以下四个方面。

第一，金融资本控制了政府，进而影响政府的决策，影响政府对社会经济的宏观调控，可以说，金融资本挟持了政府以及整个经济社会。金融资本，例如华尔街，往往是"大到不能倒"，其逻辑是，"我倒下了，也要把你（整个经济）拉倒，你如果还想活下去，你首先必须把我救活"。[①] 因为金融资本固有的贪婪性和掠夺性，如果无利可图，不可能去救助政府的，而且其一旦被救活，在无利可图的情况下，也是不可能挽救实体经济并拉动实体经济发展的。金融资本追寻利润最大化的发展逻辑，利用其控制的巨大的资金优势威胁政府，控制并影响政府的一些决策。

---

① 王庆丰：《金融资本批判——马克思资本理论的当代效应及其逻辑理路》，《吉林大学社会科学学报》2013年第5期。

如此一来，政府的一些宏观调控政策反而不利于甚至是阻碍了经济的发展。从某种意义上来说，金融资本控制了整个政治、经济以及社会生活。如一些西方发达资本主义国家，为了遏制过度的投机与金融交易，很早就有征收金融交易税的想法，其终究还是被金融资本控制，到如今还是没有成为现实。

第二，金融资本把"资本拜物教"放大到了极致，同时把人与人之间的物化关系也放大到了极致，破坏了人与人之间的正常关系。马克思在《共产党宣言》中指出，在资本主义社会，人和人之间是赤裸裸的利害关系和冷酷无情的现金交易关系。"资本拜物教"发展到了极致。由此，金融业促使世界上的所有一切趋向"货币化"或者"商品化"，包括有形的、无形的与物质的、非物质的。

第三，金融资本引起当代社会最根本的矛盾。西方一些发达资本主义国家现在正面临着不可调和的结构性矛盾，也就是金融资本主义与实体经济之间的矛盾，这一矛盾被称为"德鲁克难题"。这一矛盾正是当代资本主义危机的根源所在。金融经济一体化，必然会导致世界范围的金融危机，其并不是西方资本主义国家所制定的金融制度的问题，而是当代资本主义社会最深层次的危机的深刻体现。

第四，金融资本加剧了社会分配不公的问题。垄断资本主义阶段的一个显著特征即金融资本虚拟化。与资本主义另外一个阶段——自由竞争阶段相比，垄断阶段使资本主义的基本矛盾更加尖锐，进而引起更多的社会问题，比如社会的不公平分配问题。不管是在金融资本服务于工业资本时还是虚拟金融资本处在统治地位时，金融资本都能使资本家获取高额的利润，尤其是在其处于统治地位时，除了获取高额的企业利润，资本家还疯狂地掠夺在初次分配中工人应得的收入，就连中产阶级也不放过。

根据国际有关媒体报道，GMO公司创始人之一的格兰瑟姆说，目前企业高管的报酬高过工人人均工资的60倍，而在艾森豪威尔时代（50年代）为40倍。在2011年2月16日，美国有线电视新闻网报道，1%的美国富人在过去20年实际收入增加了33%，而剩下的90%的美国人实际收入则几乎没有增长。在同年4月2日，墨西哥《每日报》报道，前美国劳工部部长、现任加州大学教授罗伯特·赖克曾指出，经济复苏给最富裕的阶层带来了很多的好处，使得他们的财富逐渐增加。在克林顿时代，仅仅1%的美国富人控制了经济增长的45%；2001年社会分配不公更是严重，1%的富人控制的经济增长达到93%，而剩下的99%的人只控制了7%。可以看出，美国的两极分化程度相当严重，金融资本负有逃脱不了的责任，在金融领域存在的投机和欺诈行为，给这些大金融家提供了掠夺他人财富的机会。

第三节　金融资本与虚拟资本

现代金融资本已经是一种虚拟化的货币资本，属于虚拟化的金融资产，可以说现代金融资本的虚拟化程度相当严重，这种情况下的金融资本也可以说是虚拟资本。虚拟资本是以有价证券的形式存在，它本身没有价值，但具有价格，它可以为持有者按期带来一定的收益。金融资本和虚拟资本的区别是：金融资本属于货币资本，虚拟资本不属于货币资本；虚拟资本以生息资本的存在为前提，而金融资本以货币资本的存在为前提，现代金融资本是虚拟化的货币资本，二者都属于金融资产；金融资本属于对金融资产进行投资的一种真实的货币资本，虚拟资本则不同，它是因为金融资产拥有可以带来预期现金流量的一种资本化的价值。下面针对金融资本和虚拟资本之间的关系做一些详细的分析。

虚拟资本是以生息资本的存在为前提，由货币转化为利息，根据固定利息量和利息率可推算出资本量。因此，虚拟资本是以生息资本形式存在的有价证券，是一种有息证券，而这种有息证券本身不具有价值，但具有资本性，因为其能够带来预期收入。马克思指出，这种有息证券就是虚拟的幻想的资本，虚拟资本在任何场合都将国家发行证券的付款看成带来利息的资本。虚拟资本以生息资本的存在为前提而具有有息性，这是生息资本的共性，而其有息性同时也将有价证券变成了虚拟资本，因此，同为生息资本，金融资本和虚拟资本的不同之处并不是很明朗。对于虚拟资本来说，它自身并无价值，但其具有价格，有其独立的价格运动，其价值是虚拟的。但是作为虚拟资本的有价证券，当其作为所有权（债权）证书存在时，不具有资本的价值，只有当其为企业实际已经投入的资本或者是将要投入的资本时，才真正具有资本的价值。作为虚拟资本的有价证券仅仅是一种所有权证书，针对的是可以实现剩余价值的资本，所以，对于虚拟资本来讲，它的资本化价值是根本不存在的，有价证券没有价值，但有价格，它的价格运动，是通过不断变化的货币数字表现出的一连串的价格波动，并且其价格只是一种货币幻想，是在现有利息的基础上，计算资本应得收入的货币幻想。

自 20 世纪 80 年代以来，各个国家相继放松金融管制，实施自由的、放松的新自由主义体制，此体制的核心是私有化的经济策略以及金融管制，同时各个国家对外开放它们的金融市场，这促使在全世界范围内经济金融一体化的水平越来越高。在这样的大环境下，各种有价证券和货币都属于金融资产，而货币本身也具有虚拟性，因此货币与虚拟资本之间的界限非常模糊。按照变现能力的强弱来讲，通常情况下，各种货币定义都包含有价证券，比如 M2、M3 和 M4 就包括有价证券，另外，部分短期政府债券也经常起着基础货币的作用，其是通过作为商业银行的二级准备金而起作用的。进一步从国际上看，人们财富的存在方式大部分都是存单或证券，而非货币，这让我们更加难以区分货币资本和虚拟资本。因此，以虚拟价值增殖的方式以及以价值符号的功能存在的货币都已虚拟化了，这两类货币的发展是同步的：第一，有价证券是一种生息货币，其已经虚拟化了。第二，货币又是以生息的有价证券的方式而存在，其兑换可以通过有价证券的买卖或者是采用信贷的方式来实现，因而促使货币兑换和信贷这两种业务之间的联系更加的密切。

作为货币资本的重要组成部分，金融资本和虚拟资本相比虽然具有特别的属性特征，但是二者之间的区别非常模糊，界限也是相当不明确。但是，为了更好地理解金融资本，本章将详细地阐明金融资本与虚拟资本之间的差异，其主要表现在：

第一，在本质层面。作为货币资本的重要组成部分，金融资本可以运用货币的购买力来表现它的价值，而货币是政府强制发行的，所以其价值由政府来规定；而虚拟资本本身没有价值，其表现形式有价证券本身也就没有价值，有价证券属于金融资产，相应地，金融资产也就不具有价值，但是，金融资产的运动可以带来利息收入或者利润，即其能够在以后的特定时间得到利息收益或者参与生产过程中的利润分配，而虚拟资本的价值则由前者所得的收入的贴现价值形成，在金融资产进行转让时，这种贴现价值是确定转让价格的基本因素。

第二，在产生机制环境层面。货币主要是依靠国家信用和法律效力由国家强制发行，货币的发行量是利用银行信用扩张机制成倍于基础货币的量而确定，最后其在市场上的运动是严格遵循等价交换的原则，而金融资本作为货币资本的一部分，还可以通过市场经济中的微观机制得到放大，例如保证金制度、财务杠杆以及汇率杠杆等；虚拟资本的主要形式是有价证券，作为金融资产的有价证券其在融资方面产生了良好的效果，如在社会经济主体缺乏资金的时候，它可以以担保的形式发行有价证券，可以利用其本身的或者第三方信用级别为筹集资金做担保，从而能够向社会公开发行或者是在特定的群体内私募发行有价证券。但是，发行人的资信水平决定了发行对象是否愿意接受或者是接受的程度。

第三，在表现形式层面。作为货币资本的一部分，金融资本是一种实实在在的货币资本，它和普通货币无差别，都具有流通手段、价值贮藏、价值尺度和支付手段等多种职能，还可以像普通货币一样表示一定数量的货币；虚拟资本是以有价证券的方式存在的，比如说，债券和股票等，股票是一种所有权凭证，它是针对公司而言的，债券是一种契约证明，持有债券的人可以据此得到本金和利息，其表现形式是金融资产，即实物或者收益的索取权。

第四，在效用层面。在金融经济一体化条件下，金融资本可以自由流动，由于其追求利润最大化，向利润更多的产业部门流动，经过优胜劣汰自然规律的选择，社会资源得到了更好的配置。然而，作为虚拟资本，金融资产仅仅发挥了媒介的作用，主要是融通资金，驱使资金从盈余者转向短缺者，对货币资金的流动方向进行指引，它对资源配置所起的作用主要决定于金融市场的完善水平以及效率的高低，而非金融资产自身。作为货币资本的一部分的金融资本的过度投机与积累，能够驱使作为有价证券的金融资产在二级市场的交易中的交易价格过度脱离其内在价值，违反交换规律，从而产生价格机制失灵、金融泡沫，这对宏观经济的稳步发展产生了不利影响，进而导致金融危机的发生。

第五，在特征层面。一般情况下，作为货币资本的金融资本，被掌控在大量的机构投资者手中，这是一种投资方法，当然是为了实现利润的最大化。然而，作为虚拟资本，金融资产则在融资方面起到了好的效果，例如，当一国的社会经济主体在资金方面严重缺失时，这些虚拟资本可以利用其自身的信用级别或者是第三方的信用级别做担保，进而达到发行证券的目的，从而筹集到资金，这推动了被当作社会媒介的资金的流动——由资金富足者向资金缺乏者的流动。此外，虚拟资本还有其他的作用，比如它是向金融市场提供套利与投资的手段，并且它还可以转移风险、分散风险。

金融资本和虚拟资本在流通中存在很多交集与相互换位，在其流通中，二者之间的区别仍然存在，例如，作为生息资本与货币资本的金融资本，能够购买有价证券形式的虚拟资本，比如股票以及债券，即有价证券作为虚拟资本，其虚拟价值能够由货币价值表现出来，而计算它的价格的时候，我们可以运用价值等式把某一有价证券的虚拟价值量与某一货币价值量联系起来。虽然作为虚拟资本，有价证券与金融资本在流通的过程中还是存在许多交集的，但是这不会混淆它们各自的本质与特征，在流通中改变的仅仅是金融资本或者是虚拟资本的所有者，二者的本质区别是：金融资本作为货币资本具有真实性，其是实实在在存在的，而作为虚拟资本的有价证券不具有价值，其具有虚拟性。

总之，金融资本是货币资本的一部分，是真实的货币资本，是投资于金融资产的一种真实的货币资本，虚拟资本的表现形式是有价证券，其本身不具有价值，具有虚拟性，主要是因为金融资产能够在未来特定时期内带来一定的现金流量，它是一种资本化的价值，所以，金融资产是金融资本与虚拟资本存在的前提条件。伴随着金融经济发展的高度一体化，如今产生了许多金融创新工具，同时虚拟资本与金融资本的规模也不断地扩大，金融资本过度积累与过度虚拟化出现，这些都是当今国际金融市场主要的特征。

第四节 金融资本还原界定

20世纪70年代以来世界经济金融化的发展对传统金融资本理论提出了新的挑战，使得人们越来越看不清金融资本的本质，在这种情况下，很有必要对金融资本进行还原，还原出它的本质，本节主要从马克思关于资本形式的论述出发，依次分析借贷货币资本与虚拟资本的积累序列，论述金融化条件下资本主义的积累模式及其产生的宏观经济效果，理顺金融资本的来源，还原金融资本的本质。随着生产力与商品交换的不断提高，商品经济也达到了高度发展的程度，金融资本对商业经济以及整个社会关系的影响越来越大。

从上文对现代金融资本含义的详细论证可以把现代金融资本界定为：现代金融资本是金融业垄断资本与非金融业垄断资本相互融合或者混合生长所产生的具有独霸权势的垄断资本，其目标是追求无限的价值增殖，利润最大化，也就是剩余价值最大化，金融资本的主要承载者是控制着大量货币资金并将其投资于金融市场的各类企业、机构以及政府部门。现代金融资本具有四大特征：食利性、贪婪性、掠夺性以及破坏性。可以看出，现代金融资本已经脱离了金融资本的本原，严重影响了经济社会的发展。

人类社会遵从从低级阶段依次向高级阶段更替的发展规律，经历了原始社会、奴隶社会、封建社会、资本主义社会以及社会主义社会，人类社会的发展也是生产方式不断从低级到高级的依次更替。金融资本属于历史范畴，其含义也是随着社会制度的更替而发展，只不过现代金融资本越来越脱离其本原。所以说，金融资本的演进与生产力的提高有着千丝万缕的联系，其联结点是生产力与经济关系。基于以上理论分析，金融资本还原是指：分析金融资本的演进与形成，追索出金融资本的本原是为实体经济服务。撇开现代金融资本这种特殊的货币资本的食利性、破坏性、贪婪性以及掠夺性，认清金融资本的本原，使其回归到为实体经济服务的职能，远离金融经济危机。

第五节 结 论

第一，金融资本属于历史范畴，现代金融资本理论不仅要继承经典马克思主义金融资本的思想精髓，还要根据当今经济社会的基本情况加入一些现代元素。本章指出现代金融资本的本质是虚拟化的货币资本，基本已经完全脱离了实体资本。就经济社会的发展而言，金融资本主要具有融资功能和投资功能。

第二，现代金融资本是一种具有控制力的垄断资本，它是由金融业与非金融业垄断资本融合形成的，其目标是追求无限的价值增殖和利润最大化，也就是剩余价值最大化，企业、政府部门和机构是金融资本的重要承载者，掌握着大量的货币资金并且把它投入金融领域。其中，金融业垄断资本不仅包含传统的商业银行垄断资本，也包括非商业银行垄断资本与其他垄断金融机构资本；非金融业垄断资本则包括工业垄断资本与一切非工业垄断资本。

第三，现代金融资本具有历史性、社会性、增殖性、垫支性以及运动性五种属性，同时，现代金融资本具有正面影响方面的特征和负面影响方面的特征。从正面影响来看，现代金融资本具有两大特征：其一，促进资本的合理流动，优化配置资源；其二，促进金融资本深化与金融市场的发展。从负面影响来看，现代金融资本主要包括破坏性、贪婪性、掠夺性以及食利性四大主要特征。现代金融资本是一种虚拟化的货币资本，属于虚拟化的金融资产，可以说现代金融资本的虚拟化程度相当严重，这种情况下的金融资本也可以说是虚拟资本。

由以上可知，金融资本必须回归其本源，金融资本还原是指：分析金融资本的演进与形成，追索出金融资本的本原是为实体经济服务。撇开现代金融资本这种特殊的货币资本的食利性、破坏性、贪婪性以及掠夺性，认清金融资本的本原，使其回归到为实体经济服务的职能，远离金融经济危机。

第三章 金融资本异化论

2007年美国爆发了次贷危机，波及世界各个角落，给美国以及世界各国造成了巨大的经济损失。2008年爆发于美国的金融危机，延续了2007年的次贷危机，势头迅猛地在全世界扩散开来，导致全球性的经济衰退，可以说此次金融危机是20世纪30年代以来波及面最广、对世界经济重创最深的国际经济危机。2010年，债务危机在欧元区全方位地突然发生，这又一次给全世界的经济带来了严重亏损，到目前为止，欧元区经济都还没有彻底恢复，这次危机给全世界的经济都造成了冲击。时隔2008年起源于华尔街的国际金融危机仅三年，2011年9月17日"占领华尔街"运动打响，且愈演愈烈，逐步从美国的东海岸蔓延到西海岸，然后跨过大西洋和太平洋蔓延至英国、澳大利亚等地，就连中国的香港、台湾也不例外，金融中心是这些"占领"的共同点。

以上这些危机无不和金融业有关，和金融资本的异化有关。2007年的次贷危机是金融资本异化造成金融衍生品异化的结果；由此引起的2008年的国际金融危机与其一脉相承，也是金融资本异化造成的；2010年发生在欧元区的债务危机，从表面与字面看是由债务引起的，其根源也是金融资本异化；爆发于 2011 年 9 月 17 日的"占领华尔街"运动，发生在美国的金融中心，更是和金融资本异化有关。当前，发生于欧美各国的金融危机，使世界各国的金融领域充满了风险与陷阱，严重影响了世界各国的经济社会的稳定，而属于发展中国家的中国，正面临着经济改革、对外开放以及社会转型的关键时期，金融领域的稳定是经济稳定发展的关键所在，金融资本的问题显得尤为重要。

第一节　金融资本异化界定

一　异化与金融异化

"异化"一词最早来源于法文动词"aliener"和名词"alienértion"，其本意是"转让"或者"出卖"，法国思想家、哲学家以及政治理论家卢梭首先在其著作《社会契约论》中使用"aliener"一词，其是在政治意义上使用"aliener"，而不是在经济学领域中使用。异化涉及的领域比较广，它是自然科学、哲学、社会科学以及经济学等领域的重要概念。在自然科学领域，生物的新陈代谢需要异化作用，这是生物新陈代谢不可缺少的一方面，异化作用指的是分解代谢，存在于生物体内的分子可以转化为小分子，接着释放出能量。在哲学领域，异化指的是主体经过一定的时期分裂出自己的对立面，转化为异己的、支配以及统治自身的力量。经济学领域中的异化概念来源于哲学领域中的异化思想，其是指经济主体发展到一定的阶段分裂出自己的对立面，经济领域中的异化一般会产生对经济社会发展不利的因素。马克思指出异化属于哲学范畴，主要是指劳动异化，也就是人类生产出来的劳动产品并不依赖生产者的力量而与劳动相对立，是人类的生产与其生产产品反过来统治人类的一种社会现象。人类所生产的劳动产品，不仅仅是指有形的物质产品，还包括无形产品，这种无形产品是指精神生产与社会制度等由人类创造出来且对人类有操纵控制作用的产品。因此，马克思所说的异化是指建立在人类以及其活动产物之间的一种特定的关系，而在这种特定的关系中，人类的劳动产物不以人类的意志为转移，变成了与其自身相异的一种东西。

本书的金融异化源自马克思的异化劳动的思想，在经济金融化条件下，金融业和金融活动背离其原有职能，不再为经济发展与实体经济服务，逐渐从生产服务等经济活动中游离出来，自我膨胀的畸形发展现象出现，形成了相对独立的在虚拟经济形态基础上的功能变异，金融机构精心设计创造培育金融资产，也偏离了以规避风险和带来最大化利润为目标的轨道，偏离了其创造者的初衷，最终变成了其创造者与使用者无法真正认识与无法操作控制的异化之物，并使其创造者与使用者甚至整个金融市场陷入危机状态。金融业的诞生本来源自其能够为实体经济提供融资服务，然而，现今的金融业却异化为被金融资本控制，是绑架控制实体经济与社会的工具，驱使贫富分化，变成历次危机的源头。

二 金融资本异化

金融资本属于金融资产,金融异化不可避免地带来了金融资本的异化。前面提到的金融危机都和金融资本有关,是金融资本博弈高风险和追求高收益的结果。原本,金融资本理应对实体经济的发展起促进作用,然而利益集团操纵着这个模式,运用金融资本投机倒把,以致促进了这种把虚拟经济当作主要形式的经济模式的不断发展,导致金融资本变成了与其自身相异的一种资本,降低了经济基础与社会根本的稳定性,导致经济衰退。

在资本主义社会的发展过程中,在古典经济学理论和新古典经济学理论中,资本一直属于实体经济的要素,就是原材料、付给劳动力的工资和生产设备等要素,另外它还包含为生产中的技术改革等制造财富的经济活动提供的资金,实体经济主要依靠资本的投入来不断扩增。而当今的金融资本已经异化了,可以说,其具有很大的投机性,和传统意义上投入实体经济的资本相比,它已经跟实体经济的要素定义相分离,大体上已经彻底虚拟化了,变成了与其自身相异的一种资本。

第二节 金融资本异化的影响因素

许多经济学家认为,2008年美国金融危机、2010年欧元区债务危机,以及后来的"占领华尔街"运动,发生的主要原因是资本主义制度的存在,是自由资本主义制度的失败。这些原因固然存在，但最根本的原因是金融资本异化，导致市场也被异化，特别是在金融经济一体化条件下，可以自由流动的金融资本日益自我膨胀，造成过度积累，这种过度积累的金融资本主导的发展模式，不仅驱使私人资本被异化，也使强大的国有资本与实体经济相分离，以致异化成投机资本和金融资本。金融资本的投机性更是显现得淋漓尽致，因此，危机不可避免。

前面提到的危机与传统意义上的金融经济危机有很大的区别，传统的危机比如 19 世纪 30 年代的经济危机是由生产的相对过剩引起的，而 2008 年的金融危机、2010 年欧元区的债务危机以及"占领华尔街"运动都与金融资本有关，尤其发生在美国的经济危机，是因为资本过度集中的华尔街出现了问题。而这个过度集中的资本就是金融资本，它与要素资本非常不一样，金融资本是为了追求巨额利润与高风险博弈的投机性很高的资本，引起这些危机的主要原因是金融资本异化。本章指出引起金融资本异化的因素主要包括布雷顿森林体系崩溃、选票政治、金融过度自由化与市场异化以及人性的贪婪。

一　布雷顿森林体系崩溃

从 20 世纪 80 年代开始，英国撒切尔夫人和美国里根总统开始实施以自由化、放松金融管制和私有化经济政策为核心的新自由主义体制，金融资本在发达资本主义国家成功地突破了自 1945 年至 70 年代末期经济滞涨所带来的束缚和制约资本活动的大部分羁绊与屏障。布雷顿森林体系崩溃后，世界各国金融市场的对外开放程度随着全球经济金融一体化日益提高，国际货币体系呈现出新的特点，各国汇率制度逐渐向市场化方向改革，利率与汇率出现了大幅度波动的现象，各国金融机构以避险为由大力创造金融衍生工具，资本的投机性随着衍生工具的交易超过传统信贷业务的利息收入而产生，其投机性越来越强。

进入20世纪90年代，商业银行的混业经营，驱使金融体系的经营模式发生了很大的转变，金融活动逐渐开始脱离实体经济，金融资本也逐渐脱离实体经济，为了利润最大化，其可以购买作为金融资产的虚拟资本，整个金融市场获得交易收入依靠发展大规模的、绝对纯粹性的交易性工具。随着杠杆化交易资金放大收益，风险不可避免地放大了，从而大规模的、不受银行监管控制的金融活动日益增加，金融资产受价值规律的影响相对减弱很多，主要由公允价值决定，导致了金融资产的泡沫化，金融资本过度积累，其虚拟化程度也相应增加，作为资本的金融资本逐渐产生了变异。

金融市场与金融资本的过度膨胀必然导致经济社会付出沉重的代价，在2004年，资本的流动、虚拟经济的不断扩张与金融活动，基本上都是以全球经济增速的3—4倍的速度迅速发展。2007年12月31日，根据国际清算银行（BIS）公布的资料来看，在全球范围内，外汇交易额是GDP的10倍，高达3.3万亿美元。这种情况持续存在，2010年的外汇交易额为4万亿美元，是全球全年GDP的12倍。截至2016年4月，据国际清算银行（BIS）对包括52个国家近1300家银行及其他金融机构的调查数据，全球外汇市场日均交易量从20世纪80年代中期的每天约

700亿美元猛升至目前的5.1万亿美元，交易量是全球GDP的4倍，较期货市场大12倍，较股票市场大27倍，较纽约证券交易所交易量大53倍。可以看出，2008年国际金融危机后，金融资本虚拟的泡沫化没有得到遏制，反而愈演愈烈。

二 选票政治

除了上述由布雷顿森林体系崩溃引起的金融机构的自我膨胀导致金融资本异化，资本主义社会的选票政治也控制要挟了政策，驱使金融资本异化进程加速。政府的行为活动受选票政治的影响比较大，所以当金融资本异化所形成的利益群体和选票政治密切联系起来时，政府的行为活动必然与金融资本的利益密切相关，在资本主义国家，政客越来越注重对国家政策的控制，从而获得更多的利益，金融资本的异化也相应地加剧。

巨大的金融集团挟持控制了资本主义社会的民主的选票政治，由于金融机构的虚拟化、累积过多与资产规模的不断扩大，在资本主义社会，金融机构成了"太大不能倒"的大型集团。雷曼兄弟公司倒闭时，全世界的经济都遭受了严重的冲击，根据"太大不能倒"准则，一些有关的利益主体被迫对制造危机的机构进行救助。也因为"太大不能倒"准则，美国政府对投资银行向银行控股转变的行为表示默许，美联储甚至宣布救助规模巨大的非银行金融机构是合法的，并且创造出各式的新型金融货币工具，然后数额巨大的资金通过这些工具流入了金融机构，所以，经济的过分虚拟化迫使政府不得不对其采取拯救策略，同时也导致金融资本在道德方面的风险越来越高，促使金融资本异化加强。

2009年年初，依据银行资产按照危机前的衍生品的公允价值的假设，对以美联储起主导作用的美国银行业以及美国财政部进行了检测，发现那时银行资产并无交易和价格，所以，在衍生品市场上其公允价值理应为零。若不然，检测结果就不只是花旗银行、摩根大通银行和美国银行这三家银行的规模为390亿美元的不可以用公允价值反映的信贷风险。因此，根据经济危机以前的公允价值，美联储买入了银行的"毒垃圾"，这也是美联储的首次量化宽松政策，在金融资本虚拟化的基础上那些"太大不能倒"的银行又得到了救助。美国政府的救助方法是将银行资产按照虚拟化的公允价值买入，这种救助方法给了金融体系一个机会，使它们可以依然保持泡沫化以及虚拟化，给金融资本提供了更加虚拟化的机会，这同时也让外界产生了误解——金融机构仅需扩大到"太大不能倒"，因为它的胁迫控制性，政府就不得不在它需要帮助的时候伸出援手。这导致金融机构越发地虚拟化以及自我膨胀，以致它的风险性越来越高，金融资本异化加剧。

然而，发生在欧元区的债务危机继续延承了"太大不能倒"的思想，以借新债来还旧债的方式给危机埋单，金融机构由于政府的不断注资而复活，虚拟经济的相关活动也迅速恢复，继续自我膨胀，金融资本的虚拟化得到不断强化，引起了一连串危机的爆发。导致危机爆发的金融机构不断地得到资助，受害者却要替"闯祸"的金融机构负责，还要承受危机带来的失业、福利削减以及居无定所等衍生灾难。所以说，在危机过后，如果不能制定出新制度来制止金融机构的过度自我膨胀和金融资本异化，危机会一次接一次地出现。

另外，发生在欧元区的债务危机还与其福利政策有关，相比其他地区，欧元区的福利水平比较高，虽然此领域内各个国家的经济发展停止，但是比财政支出要高出 3/5 的福利支出却有增无减，可以说是过度福利。政治家们为了竞选成功，不得不对其国民做出高福利体系的承诺，而且一旦当选，承诺必然要兑现，所以说，欧元区各国破产的窘境与选票政治有着密切的关系。在十几年或者是二十几年前，欧洲一些国家已经达到了经济发展水平上的均衡增长，达到了经济高速增长的阶段，经济增长的空间非常有限。相对于福利的提升，经济的有限增长是很难达到的，也就只能通过债务来实现，而债务的实现驱使金融业过度膨胀，金融资本过度虚拟化。发生在希腊的债务危机，导致早在十年前希腊政府的债务就已经比《里斯本条约》的规定要高出许多，而欧元区的其他国家的债务同样是累积了许多年的结果，债务是由银行持有的，债务的过度积累造成了金融资本的过度虚拟化。所以说，欧元区债务的发行并非基于国家经济的发展以及对应的财政收入的提高，其与旁氏骗局没什么差别，只是一种已经空心化了的债务膨胀，终究会由于金融资本的过度膨胀而出现危机。

三 金融过度自由化与市场异化

金融过度自由化是金融资本出现异化的现实条件。美国经济学家罗纳德·麦金农和爱德华·肖在 20 世纪 70 年代首次提出了金融自由化理论，金融自由化主要是针对金融抑制（financial repression）而言，也可以称为金融深化（financial deepening），为了减少金融抑制对经济发展的影响，应该减少政府干预。金融自由化驱使政府放开了对金融市场与金融体系的管制，也取消了对利率、汇率、信贷和资本账户的干预，金融壁垒得到取消，因此，银行业受到政府的干预减少，逐渐实现了内部自律管理，金融主体缺少管制，金融产品创新逐渐出现，且数量急剧上升，驱使金融资本异化成为可能。另外，金融全球化导致金融全球化有等级之分，使得一些发达国家的金融体系可以控制或支配一些发展中国家的金融体系，金融资本异化出现，一些发达国家通过金融资本的异化来掠夺发展中国家的财富。

金融自由化的核心是资本可以在全球自由流动，尤其是金融资本在全球自由流动，但是过度的金融自由化会导致金融资本的过度积累与虚拟化以及市场异化，市场的异化又会促进金融资本的异化。而市场的价格机制不再根据价值规律与供求关系定价，而是根据投机性定价，市场价格是金融市场异化后的价格。

由于金融市场逐渐自由化，甚至是过度自由化，外汇市场汇率主要被投机需求主导。例如，香港的人民币不可交割远期市场，完全是投机的，需求与供给完全不被需要，都是用美元来割差，由此，其对人民币和对美元的汇率预期变成是对货币均衡汇率的参照，市场的定价概念被整个异化，这是一个充满投机性的外汇市场，人民币不可交割远期市场的外汇交易量非常大，完全脱离了实体经济。

全球大宗商品市场也逃脱不了被异化，例如石油市场，在2008年，世界石油价格每桶上涨到147美元，在2009年的第一个季度，石油价格大幅下降，又降到每桶32美元，美国国会就此价格不平稳现象，责成芝加哥期货交易所调查，调查结果显示：2008年石油价格每桶上升到147美元，价格上涨中的71%是由投机行为推动，在2009年第一季度石油价格下降至每桶32美元，其中81%是由投机行为导致。布伦特油价从2017年6月的低点44.35元一桶，到2018年9月，达到最高每桶82.2美元，涨幅接近翻番。在如此不平稳的石油市场，石油价格决定完全脱离了价值规律与供求关系，被投机所主导，而当其被市场异化和投机主导时，其价格完全回不到均衡价格，只能是毫无规律地大起大落。另外，当石油价格被石油政治和其他因素影响时，也脱离了真正意义的市场，是已经被异化的市场。债市也不例外地被异化了，正常情况下，政府发债的目的是刺激经济的增长，但是在欧元区爆发债务危机后，相关国家的经济和税收没有增长，反而是债台逐渐高筑，最终导致金融机构不断推出新的金融衍生品，市场异化推动金融资本异化，欧元区的债务危机得不到丝毫缓解反而是恶化。

从以上分析可以看出，金融过度自由化与市场的异化推动了金融资本的异化，金融资本的过度的毫无节制的流动是全球危机与经济不稳定的重要影响因素，金融过度自由化与市场异化更是推动了金融资本异化，导致了金融资本的投机性增强，金融资本的投机性把具有低风险的债券变成了具有高风险的金融衍生品，严重破坏了市场优化配置资源来推动经济增长的规则。

四　人性的贪婪

人性的贪婪也是造成金融资本异化的原因之一，一些金融资本家、其他部门的资本家或者食利者阶层投资或者是经营企业的目的就是追求最大利润，完全不顾工人或者整个社会经济状况的死活，逐渐把其资本投资在盈利更高的部门。最初，这些资本家与食利者阶层把资本投资在职能部门，他们获得的利润就是工人创造的剩余价值，后来随着商品经济的发展，生息资本从职能资本的运动中游离出来，发现投资在生息部门同样可以得到利润，而且不用通过生产过程等，越过材料的购买、工人的管理以及直接参与生产过程的管理等，这种钱生钱的投资似乎更合理，更容易赚到更多的钱，于是，用金融资本逐渐购买了一些证券、股票等虚拟的金融资产，这些虚拟的金融资产的逐渐膨胀导致了金融资本的逐渐膨胀与虚拟化，金融资本的投机性逐渐增强，此时的金融资本已经被异化，被金融资本家与食利者阶层的贪婪性异化。

第三节　金融资本异化的评价体系

一　金融资本合理性研究

本章中金融资本的合理性是指金融资本对经济增长与

发展要求的适应性。金融资本越适应特定条件下经济增长与发展的要求，其合理性就越强，越能促进经济活动的持续健康发展。如果不符合经济增长与发展的需要，或者是抑制了经济发展，就说明金融资本已经异化。从量的方面来看，金融资本的合理性主要是指金融资本在特定条件下在量上要有一定的限度，超过或者小于一定的限度，金融资本将不具有合理性，从而对经济社会造成危害，如果正好等于这个限度，则金融资本是合理的，将会促进经济社会的发展。

由于一些外部条件经常变化，为了便于分析，作如下假定：第一，经济处于封闭状态，而且国民经济部门只包括两个部门，也就是金融部门和实体部门，这两个部门相对应的资本分别是金融资本和实体资本，社会的总资本也就只包括金融资本和实体资本。第二，生产的规模报酬不变，不考虑技术进步，即技术进步中性，社会资源可以自由流动，金融资本和实体资本与劳动力等其他要素的分配结合总是处于最优状态。在这两个条件以及社会总资源一定的约束下，生产函数可以表示为：

$$Y = AF(K_1, K_2)$$
$$s.t.\ K_1 + K_2 = K \tag{1}$$

其中，K代表社会总资本，K_1代表实体资本，K_2代表金融资本，A代表技术水平，由于假定技术进步中性，则$A=1$，而且假定生产的规模报酬不变，函数$Y = AF(K_1, K_2)$便是一次齐次函数，在这里我们假定金融资本和实体资本是同质的，所以，以上生产函数（1）可以变为：

$$Y = K_1 F(1, K_2/K_1) \tag{2}$$

$$Y/K_1 = f(K_2/K_1) \tag{3}$$

令 $y = Y/K_1$，其表示产出与实体资本之比，或者也可以说是每一单位实体资本所带来的产出。令 $k = K_2/K_1$，表示金融资本与实体资本之比。因此，生产函数可以变为如下函数：

$$y = Y/K_1 = f(K_2/K_1) = f(k) \tag{4}$$

则有：

$$Y = K_1 y = K_1 f(k) \tag{5}$$

对函数（5）求偏导，可得如下两个方程：

$$Y'_{k1} = f(k) - kf'(k) \tag{6}$$

$$Y'_{k2} = f'(k) \tag{7}$$

假定资本符合边际产出递减的规律，由函数（7）可知：当 $Y'_{k2} = f'(k) > 0$ 时，$f'(k) > 0$，表明产出是金融资本的增函数；当 $Y'_{k2} = f'(k) < 0$ 时，$f'(k) < 0$，表明金融资本是产出的减函数；当 $f'(0) = \infty$，表明金融资本与实体资本的比值很小，金融资本的边际产出很大；当 $f'(\infty) = 0$，表明金融资本与实体资本的比值很大，金融资本的边际产出很小，这种情况下的金融资本一定不是合理的金融资本，金融资本已经异化。

假定 $Y = F(K_1, K_2)$ 具备新古典增长模型的性质，根据 $k = K_2/K_1$，可以得到 k 的增长率，为：

$$\Delta k/k = \Delta K_2/K_2 - \Delta K_1/K_1 \tag{8}$$

假定 $\Delta K_2/Y = a$，$\Delta K_1/K_1 = b$，则 k 的增长率为：

$$\Delta k/k = \Delta K_2/K_2 - b$$

$$\Delta K_2 = (\Delta k/k) K_2 + bK_2$$

上式两边同除以 K_1，则有：

$$\Delta K_2/K_1 = \Delta k + bk \tag{9}$$

$$\Delta k = \Delta K_2/K_1 - bk = \Delta K_2/Y \cdot Y/K_2 \cdot K_2/K_1 - bk$$

$$= a \cdot Y/K_1 - bk = af(k) - bk \tag{10}$$

其中，$\Delta K_2/Y = a$，$\Delta K_1/K_1 = b$。

式（10）也可以表示为：

$$k' = af(k) - bk \tag{11}$$

在新古典增长模型中，达到长期均衡的状态，也就是所谓的稳态。稳态时，K_2/K_1 达到均衡值，在忽略技术变化的条件下，Y/K_1 也达到稳定状态。要实现稳态，需要 $\Delta k = 0$。从式（11）得知，假如金融资本增量占总产出的比值与实体资本的增长率不变，即 a 与 b 不变，在 $k' = 0$ 时，金融资本与实体资本存在合理性的比例，此时经济处在均衡状态。假定此时金融资本与实体资本比例为 k^*。当 $k < k^*$ 时，$k' > 0$，式（11）是增函数，k 将继续上升，直到上升到 k^* 为止，当 $k > k^*$ 时，$k' < 0$，式（11）是减函数，k 将下降，直到下降到 k^*。从式（8）可以看出，当 K_2/K_1 处于合理性比例时，$k' = 0$，$k = k^*$，$\Delta K_1/K_1 = \Delta K_2/K_2 = b$。又因为 $y = Y/K_1$，在均衡时，y 固定不变，则总产值 Y 的变化率也必须是 b。所以，在新古典增长理论的框架下，稳态必须满足：$k' = af(k) - bk = 0$，$\Delta Y/Y = \Delta K_1/K_1 = \Delta K_2/K_2 = b$。

从以上分析可知，当 $k' = 0$，$k = k^*$，总产出的增长率、金融资本的增长率和实体资本的增长率三者相等时，金融资本处在合理性状态，符合实际经济发展的需要，此时的金融资本没有异化，在这个稳态，经济稳定增长。而在 $k < k^*$，$k' > 0$ 以及 $k > k^*$，$k' < 0$ 时，金融资本都不是处在合理性状态，这两种情况下的金融资本或多或少都出现了

异化。

二 金融资本合理性与经济增长

当金融资本处在合理性水平时,金融资本促进经济增长,这种情况符合经济社会实际发展的需要;反之,金融资本异化时,阻碍经济增长,抑制实体经济的发展。当 $k' = af(k) - bk = 0$, $\Delta Y/Y = \Delta K_1/K_1 = \Delta K_2/K_2 = b$ 时,金融资本处在合理性水平,经济稳定增长。当 $\Delta K_1/K_1 < \Delta K_2/K_2$ 时,金融资本的增长率大于实体资本的增长率,金融资本相对于实体部门而言,资金过于充裕,实体经济发展不足,这种情况属于金融过度,为了追求平均利润率,金融资本会向实体部门流动,直至达到 $\Delta Y/Y = \Delta K_1/K_1 = \Delta K_2/K_2 = b$ 这个稳态。但是,当 $\Delta K_1/K_1 < \Delta K_2/K_2$ 时,很多情况是金融资本虚拟化比较严重,为了追求超额利润,这些资本对实体部门投资不足,严重影响了实体部门的发展,甚至导致实体部门萎缩,这时的金融资本已经异化;当 $\Delta K_1/K_1 > \Delta K_2/K_2$ 时,金融资本的增长率小于实体资本的增长率,金融资本不能完全给实体部门提供资金支持以及服务,实体经济得不到充足的发展,最终实体部门减少投资,直到达到 $\Delta Y/Y = \Delta K_1/K_1 = \Delta K_2/K_2 = b$ 这个稳态,这种情况下的金融资本也不具有合理性,不符合实际经济社会发展的需要,金融资本异化,这个阶段的金融资本相对短缺,大多数发展中国家或者新兴国家经常是金融资本相对不足。

从以上分析可知,经济最终会趋于稳态,即达到 $\Delta Y/Y = \Delta K_1/K_1 = \Delta K_2/K_2 = b$ 这个稳态,金融资本最终也会趋于合理,这时的金融资本充足地为实体部门服务,可以和实体经济的发展相匹配，经济处在稳定增长阶段。但由于经济社会中对金融资本的影响因素比较多，经济要达到这个稳态的过程会比较漫长。当 $\Delta K_1/K_1 < \Delta K_2/K_2$ 或 $\Delta K_1/K_1 > \Delta K_2/K_2$ 时，金融资本不具有合理性，这两种情况下的金融资本抑制了实体经济的发展，对经济的增长也产生了抑制，这两种状态下的产出必定会低于金融资本处于合理性状态下的产出，不符合实际经济发展的需要。

三　金融资本异化现状分析

（一）金融资本增长率等于实体资本增长率

由以上分析可知，假定 $\Delta K_2/K_2 = b$，当 $\Delta Y/Y = \Delta K_1/K_1 = \Delta K_2/K_2 = b$ 时，也就是说当总产出的增长率、金融资本的增长率和实体资本的增长率三者相等时，金融资本处在最佳状态，可以说是比较合理的，金融资本不存在异化，在这个稳态，经济稳定增长。这个状态是经济社会的最佳状态，其对经济环境的要求比较严格，比如相关制度、信息以及决策的透明度要比较高。而当今全球经济发展极不平衡，国际政治格局也严重影响了经济环境的自由度与透明度，各个国家和地区的竞争达不到完全自由，可以说，基本上没有能完全达到经济稳定增长的国家。金融资本的状况总是会偏离 $\Delta Y/Y = \Delta K_1/K_1 = \Delta K_2/K_2 = b$ 这一最佳状态，金融资本或多或少地抑制了实体经济的发展，产出也低于金融资本处在合理性状态下的产出，没有完全符合实际经济社会发展的需要，因此，大部分国家的金融资本在程度上或多或少地出现了异化。

(二) 金融资本增长率大于实体资本增长率

当 $\Delta K_1/K_1 < \Delta K_2/K_2$ 时，金融资本的增长率大于实体资本的增长率，目前大部分国家属于这种情况，这时金融资本已经异化。在这种情况下，金融资本相对于实体资本而言资金比较充裕，比较健康的经济发展会使金融资本为了追求平均利润而流向实体部门，直到 $\Delta K_1/K_1 = \Delta K_2/K_2$ 为止。但是，目前更多的情况是，金融资本虚拟化比较严重，一些国家或地区为了获取高额利润，对实体部门投资不足，造成实体经济发展不足甚至萎缩以及金融领域异常繁华的假象。从表面上看金融领域是经济增长的主要推动力，但是为了追求超额利润，金融资本的增长率和实体资本的增长率之间的差距会逐渐扩大，金融领域中的虚拟性和泡沫化也会随之逐渐增强，对实体经济的危害也会逐渐增大，金融资本的异化程度会更加严重。

目前一些发达资本主义国家的金融资本异化程度比较严重，尤其是在美国，金融资本已经异化到相当严重的程度，其增长率已经远远大于其实体资本的增长率，而且虚拟化也比较严重。在金融领域，金融资本的虚拟化更是促进了虚拟经济的发展。从表 3-1 可以看出，从 1970 年到 2007 年，美国的实体经济占 GDP 的比重下降了 15.97%，而虚拟经济占 GDP 的比重上升了 6.03%，在 1970 年，实体经济占比大约是虚拟经济占比的 3.4 倍，而到 2007 年实体经济占比大约是虚拟经济占比的 1.6 倍，美国的虚拟经济逐渐繁荣起来，而实体经济则出现逐渐衰弱的趋势。可以看出，美国的虚拟经济脱离了实体经济，并严重影响了实体经济的发展，使得实体经济占 GDP 的比重大幅度减小。

表 3–1　美国实体经济与虚拟经济分别占 GDP 的比重　　单位：%

年份	1970	1980	1990	2000	2002	2004	2006	2007
实体经济/GDP	49.96	74.75	39.52	37.05	35.11	34.99	34.58	33.99
虚拟经济/GDP	14.64	15.86	17.96	19.67	20.46	20.36	20.89	20.67

资料来源：武文超、汪洋、范志涛：《产业空心化和美国金融危机的探讨》，《未来与发展》2010 年第 11 期。

（三）金融资本增长率小于实体资本增长率

当 $\Delta K_1/K_1 > \Delta K_2/K_2$ 时，金融资本的增长率小于实体资本的增长率，金融资本异化。目前，一些新兴国家和一些落后国家属于这种情况，金融资本相对短缺，对实体资本的供应与服务相对不足，严重影响经济增长，为了追求平均利润，这些国家或地区会减少对实体部门的投资，直到 $\Delta Y/Y = \Delta K_1/K_1 = \Delta K_2/K_2 = b$。但是这个稳态并不具有合理性，因为这个稳态是以缩小实体部门的规模为代价的，只能说是病态的稳态。为了经济社会的健康发展，必须冲破这个病态的稳态，提高生产率，大力发展实体经济，使实体经济的贡献有一定的积累，这个积累需要适当地在实体资本和金融资本之间进行分配。这种活动一直循环下去，实体资本和金融资本在规模上会逐渐增大，依次螺旋式上升，这样经济增长的稳态会逐渐健康，最终达到合理的稳态。在这个状态中，金融资本为实体经济服务，实体经济也会促进金融资本的健康发展。

第四节 金融资本异化带来的问题

金融资本对经济社会的影响有正面与负面之分,金融资本的正面影响为优化配置资源、推动经济社会的发展、促进经济增长。金融资本的负面影响为阻碍经济社会的发展和引起金融危机、劣化资源配置。这里的负面影响就是金融资本异化的作用。在异化所引起的负面影响下,金融资本脱离实体经济,追逐超额利润,金融资本虚拟化,驱使虚拟经济信用基础崩溃,金融资本不再为实体经济服务,反而阻碍实体经济的发展,导致实体经济萎缩。金融资本异化带来的危害主要表现在以下六个方面。

一 实体经济萎缩

金融资本异化,驱使其追求超额利润,严重脱离实体经济,导致金融泡沫产生。金融资本自我膨胀,严重虚拟化,对实体经济产生了"挤出效应",严重影响了实体经济的发展。马克思指出,所有资本主义国家都想绕过生产过程获取剩余价值,而这是一种周期性的狂想病,迟早要为此付出代价。金融机构的主体几乎都在追求利润最大化,行为金融学创始人之一的罗伯特·希勒把这种盲目的行为称为"动物精神"(animal spirits)。动物精神是指,在"钱生钱"与"财富泡沫"面前,金融家更关心自身的利益,更关心怎样才能创造出更多的货币财富,关心的已经不是流动中的金融资本与实体经济所需资本的合理比例,他们不再以实体经济为基础来提供金融资本。另外，投资者对货币财富的追求进一步刺激了逐利性金融资本的发展。所以，金融资本的主体更多关注的是怎样才能创造更多的财富，而不再是服务于实体经济。这种虚拟化的过度膨胀的金融资本运动，建立在虚拟价值的交易基础之上，这种运动模式与实体经济价值的流动模式完全不同，最终会驱使更多的金融资本在金融市场流动，导致虚拟化、泡沫化严重以及实体经济被边缘化。戴相龙和黄达在1998年指出，不管是某一个具体的资产还是某一国的总资产，当市场价格高于它们的基础经济时，这个高出的部分是虚拟性的泡沫，这个泡沫早晚会破裂。金融资本失去基本的传统功能，不再为实体经济服务，其自身严重泡沫化、虚拟化，具有很高的投机性。

二 信用崩溃

金融资本异化，导致其主体极力追逐财富的快速增殖。资本只有在循环中才能增殖，而被异化的金融资本则更是要求在循环中快速增殖，这种撇开实体经济的所谓的"生产活动"，只是通过货币自身的循环创造更多的货币，完全脱离了生产过程，驱使更多的货币财富涌入金融领域，得寸进尺，要求谋得更多的货币。因此，作为金融资本的金融资产的增殖规模与速度惊人，而在其快速的增殖过程中，信用随之膨胀，随着金融资本的虚拟化而严重虚拟化，财富泡沫也随之无限制膨胀，作为金融资本的金融资产更是多重证券化与极度虚拟化。信用被无限制杠杆化，完完全全脱离了金融资产的原有价值基础，最终必然导致信用崩溃，在这种情况下，金融资本与实体经济活动的发展轨道其实是没有任何关系的，一旦基于信任的预期完全无法得到承兑，信用随之崩溃，最终导致承诺不能按约得到兑现。本次国际金融危机就是不安全的金融衍生品脱离实体经济造成的，这里的实体经济也就是房屋的实际价值[①]，是依靠高杠杆不断地转嫁风险与规模，把财富转移到金融领域的结果。金融资本的主体之一投资者的财富，在没有采取任何措施的情况下一夜间几乎罄尽，随之而来，金融资本的名义价值也被完全架空，社会信用的链条完全断开，信用崩溃。金融资本异化引起了这一切，作为金融资本的金融资产的极度膨胀与虚拟化是罪魁祸首。

三 金融领域不确定性增加

金融资本异化后，其在各种市场上的交易不断增加，同时，其不确定性也在增加。在金融领域中，银行逐渐从商业银行转变成投资银行，因而资本市场代替银行越来越多地发挥中介作用。在1980年，银行存款占全部金融资产的42%，而到了2005年，这一比例已经降至27%。[②] 到目前为止，银行存款占全部金融资产的比例还在继续下降。可以看出，银行存款在金融资产中的份额逐渐减少，与此同时，存在于金融领域中的社会公共政策目标也受到了孤

[①] 到2007年年底，美国所有家庭住户及企业持有的房产价值增长了145万亿美元，这相当于GDP的226.4%。而在2001年年底，其还只有GDP的163.5%。这几年间，房产价值增长了86.4%。见郭峰《新自由主义、金融危机与监管改革》，中国民商法律网，http://www.civil law.com.cn/article/default asp? id = 48181。

[②] 马丁·沃尔夫：《金融资本主义如何转型?》，http://hi.baidu.com/tian.tiantu/blog/item/bcccf238d18e29c8d46225af.html。

立，金融资本的唯一目标就是追求最大化的个人利益，金融资本变成了异化的资本，也就是金融资本变异了。金融领域中所进行的相关交易仅仅只是为了卖而买，完全不考虑风险要素，已经完全脱了实体经济，不再是为了满足实体经济的金融资本需求和货币流动性的平衡。由此，大量新型金融衍生品应运而生，它们主要是从传统的债券、股票、大宗商品和外汇中衍生出来。根据国际互换和衍生工具协会（International Swaps and Derivatives Association）所记载的数据可知，到2006年年底，从账面价值来看，汇率互换、利率互换以及利率期权交易的发行额大约是全球当年GDP的6倍，其账面价值高达286万亿美元，而在1990年仅仅为3.45万亿美元，可见，这些金融衍生品增速非常惊人。但是，这些金融衍生品的大量出现必然增加风险管理的难度，出现了很多不确定性。市场上信息不对称，交易各方互相之间不知道信用违约互换产品（credit default swap，CDS）的数量，也不知这些信用违约互换产品到底包含多大的风险。信息不对称，就会导致逆向选择，所以，这些金融衍生品的风险是难以估量的，其一旦爆破，影响范围就会非常广。大量的被异化的金融资本以及不可预料的金融风险，加上被无限拉伸的信用链条，打破了金融领域的稳定，金融领域的不确定性增加。

四 社会风险加大

金融资本异化造成了信息不对称，必然出现逆向选择，这样一来，道德风险必然得到积累，最终社会风险也不可避免地得到大量积累。尤其是在金融市场，占优势的一方大部分都是资金融入者，资金输出者不占有优势，而且信息优势方通常能够利用其信息优势使自己受益而使信息劣势方受损，从而导致信息劣势方单方面的风险，这降低了金融运行的整体效率，价格机制随之扭曲，导致市场的低效率配置，加大了整个社会的风险。在金融市场中，随着金融资本异化，金融领域中的公共政策目标制约与法律有效规划治理都相继失去了效力，特别是为了应对现代金融资本异化而实施的法律调整制度也失去了效力，所以道德风险必然出现。金融资本的主体之一金融经营者通常会故意隐藏风险甚至虚构利润，导致市场风险积累，而使其影响范围逐渐扩大，直至社会这个大范围，最终导致金融危机。"当一国的积累变为赌博场中的副产品时，积累工作多半是干不好的。"[1] 所以说，金融资本异化，必然导致社会风险加大。

五 贫富差距扩大

在当今的社会经济发展中，社会财富的资本化定价模式与其分配模式是引起贫富差距扩大的主要原因，主要是因为这两个模式导致了资源无法优化配置和资源分配不公平。历史学家布罗代尔指出了货币对社会经济产生的一些消极因素，如在世界上可以通过货币对他人进行剥削以及加速剥削，货币可以控制一个国家或社会的价值体系，以

---

[1] 参见［英］凯恩斯《就业利息和货币通论》，徐毓枬译，商务印书馆1977年版，第162页。

达到谋利的目的。^① 由此可以看出,在金融市场,社会财富的资本化定价模式与其分配模式本身的单独流动可以使金融资本达到价值增殖的目的。金融资本的虚拟化可以使其自身运动与功能的发挥完全脱离实体经济的制约,因此,一些影响力比较强的投机者能够控制金融资本来掠夺一些善意投资者的财富,造成穷者更穷和富者更富的局面,进一步拉大贫富差距。因此,自由资本收入分配模式的监管缺失是富人剥削穷人的方法,被异化的金融资本非常灵活地运用了财富资本化定价和分配方式,利用金融杠杆使社会财富很快得到了重新分配,实际上,被异化的金融资本并没有创造出新的社会财富,而是促使贫富差距扩大。

六　金融危机爆发

2007 年美国次贷危机、2008 年美国金融危机、2010 年欧洲全面债务危机以及 2011 年 9 月 17 日"占领华尔街"运动,无一不和金融资本的异化相关。金融资本的异化造成了金融资本的过度膨胀、博弈高风险与追求高收益,导致雄厚的国有资本脱离实体经济,金融资本成为一种投机资本,资本空心化出现,进而带来了产业的空心化,造成了资产价格的严重泡沫化。一旦泡沫破裂,金融危机不可避免地爆发。总之,这些金融危机是金融资本的异化造成的,是金融资本的过度积累、虚拟化与空心化,接着驱使经济空心化的过程。另外,由金融资本异化带来的实体经

---

① 参见白钦先、常海中《金融虚拟性演进及其正负功能研究》,中国金融出版社 2008 年版,第 225 页。

济萎缩、信用崩溃、金融领域不确定性增加、社会风险加大以及贫富差距扩大等因素是金融危机爆发的推手。上文在分析金融资本带来的这些危害时，间接分析了由这些危害带来的金融危机，在这里，就不逐一分析了。

第五节 结论

本章主要以2007年美国爆发的次贷危机、2008年爆发于美国的金融危机、2010年发生在欧元区的债务危机、始于2011年9月17日的"占领华尔街"运动以及我国提出的"脱虚向实"为背景，引出金融资本异化问题。

第一，本章指出金融异化源自马克思的异化劳动的思想，在经济金融化条件下，金融业和金融活动背离其原有职能，不再为经济发展与实体经济服务，逐渐从生产服务等经济活动中游离出来，自我膨胀的畸形发展现象出现，形成了相对独立的在虚拟经济形态基础上的功能变异，金融机构精心设计创造培育金融资产，也偏离了以规避风险和带来利润最大化为目标的轨道，偏离了其创造者的初衷，最终变成了其创造者与使用者无法真正认识与无法操作控制的异化之物，并使其创造者与使用者陷入危机状态，甚至导致整个金融市场的危机。金融业的诞生本来源自其能够为实体经济提供融资服务，然而，现今的金融业却异化为被金融资本控制，是绑架控制实体经济与社会的工具，驱使贫富分化，变成历次危机的源头。现代金融资本已经异化，具有很大的投机性，和传统意义上投入实体经济的资本相比，它已经跟实体经济的要素定义相分离，大体上已经彻底虚拟化了。

第二，布雷顿森林体系崩溃、选票政治、金融过度自由化与市场异化以及人性的贪婪是金融资本异化的主要影响因素。总产出的增长率、金融资本的增长率和实体资本的增长率三者相等时，金融资本处在合理性状态，符合实际经济发展的需要，此时的金融资本没有异化。在这个稳态下，经济稳定增长。而在 $k < k^*$、$k' > 0$ 以及 $k > k^*$、$k' < 0$ 时，金融资本都不是处在合理性状态，这两种情况下的金融资本或多或少都出现了异化。实体经济萎缩、信用崩溃、金融领域不确定性增加、社会风险加大、贫富差距扩大以及金融危机爆发都是金融资本异化给经济社会带来的不利影响。

第四章 金融资本还原论

布雷顿森林体系崩溃、选票政治、金融市场过度自由化和市场异化以及人性的贪婪造成了金融资本异化，进而带来了实体经济萎缩、信用崩溃、金融领域不确定性增加、社会风险加大、贫富差距扩大以及金融危机爆发等问题。金融是现代经济的核心，金融资本也可以说是金融的核心，金融资本的异化接连不断地引起金融经济危机，导致全球经济的倒退，严重危害了经济社会的发展，尤其是对我们所倡导的和谐社会主义的建设产生了不良影响。金融资本最初的功能是为实体经济服务，促进经济社会的良好运作，但金融资本的异化违背了金融资本的初衷，为了使金融资本回到初衷，必须回到其服务职能的本原。而要挖掘出金融资本的本原，首先要对金融资本的形成进行分析。

第一节 金融资本的形成

金融资本是资本的一种存在形式，要认清金融资本的内涵，就应该对资本概念理论进行研究，而且货币是资本的最初表现形式，比如商人资本、产业资本以及生息资本一开始都采取了货币的形式，所以要研究金融资本的形成，必须从其货币形式出发，进而从资本形式来研究金融资本的形成。

一　从货币形式分析金融资本的形成

货币形式是价值形式发展的产物，是价值形式的完成阶段，是比价值形式更高级的形式，也是第二次社会大分工出现的结果。在这一阶段，一切商品的价值都由货币表现出来，货币成为价值与财富的化身。货币形式是商品交换发展的产物。由于商品经济的快速发展，某种商品从商品世界中分离出来，充当商品之间交换的媒介，并且由其固定地充当了一般等价物的角色，这种特殊商品就成了货币，而这种价值形式就被称为货币价值形式。货币价值形式与一般价值形式在本质上并没有区别，其区别仅仅表现在：在一般价值形式下，作为一般等价物的商品在不同民族、不同地区以及不同时间和地区都是不同的，而在货币形式下，一般等价物被长期统一固定在一种商品上，也就是货币。

整个商品世界随着货币的出现分成了两极：一极是各类商品，它们需要将其特殊的使用价值转换为价值；另一极是货币，它可以代表任何一种商品的价值。可以看出，随着货币的出现，商品内部的价值与使用价值的对立统一关系，发展为商品与货币的对立统一关系。一切商品只有转化为货币其价值才会得到实现。货币的出现也解决了物与物之间交换的困难。这样一来，一切商品的价值都可以用货币来表现，货币可以与一切商品直接进行交换。从表面看起来，货币的拥有者占有了价值，拥有了社会财富，这使得货币形式看起来具有很大的神秘性，也使得货币披上了神秘的色彩。货币是充当一般等价物的商品，货币本身属于商品才可以充当一般等价物，所以本身具有价值与使用价值，但它不是一般的商品，而是能够固定地充当作为交换媒介的一般等价物的特殊商品。

随着经济社会的发展，货币作为人们可以共同接受的价值的化身出现后，在不同的历史时期具有不同的表现形式，但它和社会的发展规律是一样的，是不断地从低级阶段向高级阶段演进的，货币形式经历了五个阶段：实物货币阶段、贵金属货币阶段、代用货币阶段、有价证券阶段以及金融衍生产品阶段。

（一）实物货币阶段

实物货币是货币形式的最原始阶段，也可以被称为商品货币，它的特点是：实物货币作为货币的价值和它作为一般商品的价值是相等的，也就是说，实物货币是以其自身的价值为基础的，制造货币商品本身所用的社会必要劳动时间，不仅决定了货币商品的价值，还决定了实物货币的价值。随着生产力的提高与商品经济的发展，实物货币日益显露出局限性：实物货币较大，不便于携带；实物货币普遍质地不均匀，不便于切割；有些实物货币不容易存放，会出现质量流失等。贵金属可以克服这些缺点，所以，随着商品经济的发展，贵金属货币必然会逐渐取代实物货币。

（二）贵金属货币阶段

第二次社会大分工是因铁器的出现而出现的，即手工业与农业的分离。随着冶炼技术的提高，金属的数量也大大增加，金属也作为商品参与交换，由此就出现了从实物货币向金属货币的过渡。最早是用铁等贱金属作为货币，但是随着商品经济的发展，商品交换的范围越来越广，而且商品交换越来越突破地域限制，贵金属（金或者银）逐渐成为货币的材料。

金银等贵金属一开始只是普通商品，只是随着商品交换日益突破地域的限制，货币材料才逐渐固定到金银等贵金属上，固定地充当一般等价物。金银等贵金属之所以能够排斥其他的曾经充当过等价物的商品，而稳定地独自占有一般等价物的位置，主要是因为金银等贵金属具有充当一般等价物交换媒介的属性：一是贵金属具有体积小、价值大与便于携带的特点；二是金银贵金属质地较硬、不宜损坏与变质以及便于长期保存；三是金银贵金属质地均匀、便于分割或者融合成各种重量的块状，能够表现出不同商品的各种价值。所以说，贵金属成为货币材料，绝非偶然。马克思指出："金银天然不是货币，但货币天然是金银。"[①] 也就是说，贵金属金银充当货币材料并不是由它的天然属性决定的，而是由一定的社会经济条件造成的。

（三）代用货币阶段，它是金融资本的萌芽阶段

在代用货币出现以前，在价值形式阶段以及实物货币与贵金属货币阶段，等价物或者一般等价物的交换媒介本身具有价值，交换是以其自身的价值为基础的，制造等价物或者一般等价物的交换媒介本身所用的社会必要劳动时

[①]《马克思恩格斯全集》（第二十三卷），人民出版社1972年版，第107页。

间，不仅决定了货币商品的价值，还决定了实物货币的价值。而到了代用货币阶段以及其后各个阶段，它们本身都虚拟了，它们只是起到了交换媒介的作用，其本身的价值很小。

这个阶段是和经典马克思主义学者所描述的金融资本阶段相对应的。在金属货币流通阶段，由于金银的采掘量跟不上商品生产与流通的需求量，代用货币就产生了，其是用于实现商品交易而代替金属货币的。它本身是虚拟的，是代表金属货币的，有充分的贵金属货币准备，还可以自由地向发行单位兑换贵金属货币。相对贵金属货币，代用货币本身价值比较小，只起到了交换媒介的作用。马克思说过，货币处在流通领域中，"只是转瞬即逝的要素。它马上又会被别的商品代替。因此，在货币不断转手的过程中，单有货币的象征存在就够了"。[①] 另外，代用货币具有成本低、便于携带和运输以及能避免贵金属货币流通中所产生的问题等优势。

（四）信用货币阶段，它是金融资本的产生阶段

这个阶段是和第二次世界大战后至20世纪80年代相对应的。20世纪30年代发生了世界性的经济危机，迫使各国放弃了金本位制而实行不可兑换的纸币流通制度，由此，信用货币产生。信用货币是代用货币进一步发展的产物，比代用货币更为方便，也是目前世界上所有国家都采用的货币形式。信用货币有三个基本特征：首先是信用货币本身的价值远远低于它所代表的货币价值；其次是信

---

① 《马克思恩格斯全集》（第二十三卷），人民出版社1972年版，第148—149页。

用货币的发行不是以黄金等贵金属为基础的，国家也不承诺兑换金属货币，完全隔断了与贵金属的联系；最后，信用货币的基本保障是国家的信誉与银行的信誉。所以说，在彻底没有贵金属作保障的情况下，信用货币虚拟化了。曾充当货币的贵金属黄金再次成为商品，其本身具有价值。信用货币的价值是由银行信用或国家信用赋予的，仅仅代表一定的价值，但其本身并没有价值，也就不会带来收益，更不属于资本，仅仅只是一种交换媒介。只有当它被贷放出去并得到利息收益时，信用货币才可成为资本。

信用货币的主要形式是银行券，最早出现在17世纪，是由银行发行并用于代替商业票据的银行票据。典型的银行券可以代替贵金属货币在流通中发挥作用，持票人可以随时向发行银行兑换贵金属。20世纪30年代发生了世界性的经济危机。经济危机后，各国放弃了金本位制而实行不可兑换的纸币流通制度，停止银行券兑换贵金属黄金，因而出现了银行券纸币化现象。银行券与纸币的区别在于：（1）纸币是在货币的流通媒介职能中产生的，银行券则是在货币的支付手段职能中产生的，银行券也是由信用关系产生的；（2）纸币不能兑换黄金，而银行券可以兑换黄金；（3）纸币是由政府发行并依靠国家权力强制流通的，而银行券则是通过银行的短期商业票据贴现的形式发行的；（4）纸币如果超量发行就会贬值，而银行券超量发行则不一定会贬值，但这是有条件的，即银行券只有在具有信用与随时可以兑换黄金的情况下才不会贬值。随着信用制度与电子技术的发展，货币形式的发展也从有形至无形，从而出现了电子货币，其主要形式为信用卡。电子货币现在已经成为资本主义国家货币流通的主要形式，对其经济生活的发展起着越来越重要的作用。

（五）有价证券阶段，它反映了金融资本的进一步发展

有价证券的出现加速了资本集中与资本集聚，加速了剩余价值的生产，也加强了金融资本的垄断力量，标志着金融资本的进一步发展。有价证券，是指标有票面金额的所有权或者债权凭证，其持有人有权按期取得一定收入并且可以自由转让与买卖。有价证券的价格主要取决于三个因素：一是证券预期收入的大小，与证券预期收入的大小成正比；另一个是银行存款利率的高低，与银行存款利率的高低成反比；三是有价证券供求关系的变化、政局与政策因素、国家财政状况和市场银根松紧程度等因素，这些因素对有价证券价格的影响也是非常大的，其中政局与政策因素和国家财政状况充分说明了有价证券对国家社会的稳定起着重大作用。有价证券有广义和狭义两种概念，广义的有价证券包括商品证券、货币证券与资本证券，狭义的有价证券仅仅指资本证券。有价证券有债务工具和权益工具两种形式，前者主要是指一些债券、票据和汇票等，后者主要是指股票。债务工具和权益工具，都是货币资本的证券化，其价格是资本化了的收入，债务工具体现了借贷的关系，而权益工具则体现了所有权的关系。企业通过发行有价证券可以获得一定的收入，然后再把这部分收入投入生产过程，货币资本也就相应地转变为生产资本，这样一来，诸如公司债券与公司股票的有价证券自然而然成为企业的生产资本。公司债券和公司股票等一直在运动中，

它们可以独立地在金融领域进行交易,这些有价证券的债权人或者所有者也在不停地变化着,但是他们代表的资金还在生产过程中,一直没有脱离生产过程,可以看出,有价证券的运动与生产资本的运动在轨迹上已经发生了一定程度的偏离,这些有价证券已经虚拟化了。这里的有价证券属于金融资本,所以这里的金融资本已经具有了一些虚拟化的特性。

(六)金融衍生产品阶段,它标志着金融资本的成熟

从20世纪80年代开始,英国撒切尔夫人和美国里根总统开始实施以自由化、放松金融管制和私有化经济政策为核心的新自由主义体制,金融资本在发达资本主义国家成功地突破了20世纪六七十年代经济滞胀带来的束缚和制约资本运动的大部分羁绊与屏障,与此同时,经济金融一体化程度也逐渐提高,金融创新随之产生,金融衍生产品出现。金融衍生产品产生的客观背景是20世纪70年代中期布雷顿森林体系崩溃,使得以美元为中心的固定汇率制彻底瓦解,而浮动汇率制的出现使得汇率与利率剧烈动荡。金融衍生产品(derivative),也称金融衍生工具或者金融衍生产物,是金融创新工具的重要组成部分。它是从基础交易标的物的货币、外汇、债券以及股票中衍生出来的金融工具和交易工具,其价值随基础交易标的物价格的变动而变动。金融衍生产品主要有以下三种分类方法:①根据产品形态分类,可以分为远期、期货、期权与互换(swaps)四大类。②根据原生资产分类,主要分为股票、利率、汇率以及商品四类。③根据交易方法分类,可以分为场内交易与场外交易两类。例如,金融期权,仅仅是一种权利,

是在未来特定时期根据特定的价格买进或者卖出特定的金融资产的权利。① 在买方对金融期权支付了一定的价格后，买方就相应取得了在未来一定的时期买卖一定金融资产的权利，而卖方则失去了这种权利。从本质上来说，这是一种买卖金融资产的权利，而不是在未来的某个时间买卖金融资产的外在的表现形式。发行股票，能够体现出一定的资金进入了生产过程，为生产服务，而股票期权看起来则是越过了生产过程，根本看不出资金进入了生产过程，更体现不了生产资本的作用，只是在表面上体现了可以为其持有者带来收益的功能。从以上分析可知，股票期权的虚拟程度高过了股票，而有价证券是比股票虚拟化程度更高的虚拟资本。

二 从资本形式分析金融资本的形成

亚当·斯密指出，社会分工是"社会进步和商品经济发展的原动力"②，与此同时，社会分工也加速了资本的形成。原始社会后期也就是第一次大分工前出现了简单的商品交换，随着生产力的逐渐提高，交换也逐渐频繁，但是最初的商品交换只是采取物与物之间的交换，与这种物与物交换相对应的是简单的价值形式、扩大的价值形式以及一般价值形式。

随着交换的逐渐发展，货币逐渐进入商品生产领域，并为商品生产服务，经过流通，得到了更多的货币，此时

---

① 参见李翀《金融资本的发展与经济的虚拟化》，《东南学术》2003年第6期。
② 参见［英］亚当·斯密《国民财富的性质和原因的研究》（上），郭大力、王亚南译，商务印书馆2004年版。

的货币变成了资本，可以用公式表示为 $G' = G + \Delta G$，ΔG 是一个增殖部分，马克思把这个增殖的部分称为剩余价值。只有作为带来剩余价值的价值时货币才可以成为资本，也就是说，资本是能够带来剩余价值的价值，在这个过程中，货币仍然充当了交换媒介的作用。随着货币成为资本，它也就相应地具有了资本的职能，产业资本、商业资本以及生息资本都是因为货币的资本职能而产生。货币资本是生息资本的形成条件，而生息资本在某种条件下是金融资本的形成条件或者是雏形，因此，货币资本是现代金融资本的形成条件，货币是金融资本的源头。最后，货币资本逐渐从职能资本（产业资本和商业资本）的运动中分离出来，形成金融资本。

（一）产业资本的运动

产业资本的运动也是从货币开始的，也同样适用于资本总公式（G—W—G′）。在购买阶段，由货币购买商品；在卖出阶段，由商品卖出更多的货币。在商品经济与市场经济的发展过程中，所有企业都必须经过购买阶段、生产阶段与销售阶段，而货币资本的作用显得尤为重要，企业必须投入足够的货币资本，其经营活动才可以得以维持，因为必须首先用货币资本购买生产资料和劳动力，才能在生产阶段生产商品，在销售阶段销售商品，经过商品的"惊险的跳跃"，才能收回投入的预付资本并获得价值增殖，而这个增殖其实就是工人生产的剩余价值，这样，资本的循环才会不断地进行下去。用简易的公式表示为：G—W

(Pm，A) …P…W′—G′ (ΔG)。① 产业资本的循环要求资本形式不断地从一个阶段转入另一个阶段，依次经历了三个阶段，相应地产业资本具有三种职能形式，依次是货币资本、生产资本和商品资本，可以看出，产业资本的运动必须是生产过程与流通过程的有机统一。依一定的时间为界限，产业资本的每种资本形式都可以被看作资本循环的起点，并且会经过三个阶段，最终回到出发点。相应地，产业资本的循环包括三种形式，依次是货币资本的循环、生产资本的循环和商品资本的循环。在产业资本的循环中，货币资本是生产资本与商品资本发挥职能的基础，是维持产业资本循环运动的联结点，可以说，货币资本首先起着推动资本循环持续下去的作用。与此同时，产业资本循环中的"货币资本也就表现为资本预付的形式"②，而预付的资本必然要通过产业资本的循环运动最终收回，收回时间的长短与增殖的多少对产业资本的循环至关重要。在此过程中，只有货币资本转化为生产资本和商品资本，生产资本投入生产过程才能创造商品资本，把商品销售出去，剩余价值才得以实现。因此，产业资本是在生产过程中创造剩余价值，而在流通过程中实现剩余价值。

（二）商业资本的运动

在商品经济发展的初期，市场范围与企业的规模都相对狭小，产业投资者可以自产自销。但是随着商品经济与

---

① 其中，G 代表货币形式的资本价值，W (Pm，A) 代表以生产资料（Pm）和劳动力（A）形式存在的资本价值，…P…代表生产过程，W′代表增殖了的商品，G′代表增殖了的价值，ΔG 代表增殖额。
② 《马克思恩格斯全集》（第二十四卷），人民出版社1972年版，第34页。

商品交换的发展，产业资本的规模逐渐扩大，产业投资者用在销售渠道中的资本也日益增加，从而导致利润率下降，如果产业投资者继续自产自销，必然会影响剩余价值的增加与市场的发展；此外，人的精力有限，随着商品经济的发展，在流通中涉及的事物也日趋繁杂，产业投资者若仍然自产自销的话，会感到精力不足或者专业技术知识不足，这一切都迫切需要有专门的部门来从事产品的销售，因而商业资本从产业资本中独立出来，实现商品资本的职能就交给商业资本家来完成。在社会所有部门的资本运动中，某个资本的使用价值的补偿过程（G—W）正好是另一个资本的价值的实现过程（W′—G′），所以，在社会经济中，单个资本正常运动的基础和条件与商品流通相辅相成、互为前提和密不可分，这里的商品流通指的是以货币为媒介的流通。[①] 由于商品交换逐渐频繁，商品买卖的时间的缩短与商品销路的广开逐渐成了商品经济中的大问题，因为只有这样产业资本的周转与循环效率才能提高，才能更好地发挥其职能。因此，出现了一批不从事生产而专门从事商品买卖的商人阶层，他们积累或者拥有一定数量的货币财富，以其对销售商品的优势为资本，进而把这种资本投资于商品流通部门。商业部门随之出现，其主要职能是商品的买卖。可以看出，商业资本是从产业资本中分离出来，而分离出来的商业资本服务于与产业资本相关的运输和流通。与产业资本相对应的是产业部门，而与商业资本相对应的是商业部门，所以说商业部门也是为产业部门服务的。

---

① 参见杨志《论资本的二重性》，经济科学出版社2002年版。

从以上分析可以看出，商业资本属于流通领域中的资本，商业资本的周转只在流通过程，它的循环有两个目的，一个是为了买而卖的购货过程，另一个是为了卖而买的销售过程。与此相对应的资本形式是货币资本与商品经营资本，而与这两个资本形式相对应的是购买阶段与销售阶段，所以，商品资本的运动公式可以表示为 G—W—G′。与产业资本不同的是，商业资本的循环是为了卖而买，是剩余价值实现的过程，产业资本的循环主要是剩余价值的生产。它们的共同点是：二者各自拥有自身的固定资本与流动资本，在价值形式方面，二者都具有货币资本和商品资本。

根据以上对产业资本和商业资本的分析，可以看出，货币资本是它们运动和循环的基础，也是它们职能实现的基础。随着商品经济的高速发展，经济社会所需的货币资本也逐渐增加，产业部门和商品部门的规模得到不断扩大，需要增加货币，固定资本逐渐增加的折旧费、流动资本的沉淀以及商品销售后产生的货币回流等都迫切需要增加货币资本流通的规模，运动速度也需要逐渐加大。而且，货币资本可以促进并推动社会总资本的运动，其对社会总资本的运动显得至关重要，因此，货币资本必然会从产业资本中分离出来。马克思和恩格斯曾指出，不仅产业资本的一部分要作为货币资本，商业资本的一部分也要作为货币资本，这些货币资本还要不间断地以货币形式存在，最终成为一种特殊的独立的资本。可以说，这种从产业资本和商业资本中独立出来的货币资本便是金融资本的雏形，也是现代金融资本的雏形。

从以上对产业资本与商业资本的论述和分析可知，现代金融资本的雏形——货币资本是从职能资本（产业资本和商业资本）中独立出来的，马克思恩格斯指出，货币资本是职能资本的延续，同时也是为职能资本服务的资本。冉光和、王定祥指出，货币资本是资本体系内部分工得到细化的产物。货币资本是从职能资本中游离出来的，便具有了职能资本的作用，从另一方面来讲，货币资本服务于产业资本和商业资本，货币经营者的活动仅仅是和商业家和产业家相关，这也就说明了货币资本也具有非货币资本的属性，为产业资本和商业资本服务。这里的货币资本只是为生产与流通提供专业化与产业化的金融服务，而不参与其生产与流通过程，如储蓄、信贷、收付、结算以及兑换等。可以说，产业资本创造剩余价值，商业资本实现剩余价值，而从它们的运动中独立出来的货币资本则为剩余价值的创造与实现提供信用条件，也就是为产业资本与商业资本的运动提供服务功能。

（三）生息资本的运动

随着生产力的提高，商品经济也达到了高度发展的程度，虽然第三次社会大分工首先在商品交换最为发达的地区出现，商人阶级的出现缩短了商品买卖的时间，但随着资本国际化、生产社会化和经济关系国际化程度的不断提高，在商业企业从事商品买卖活动中，融资问题越来越重要，这部分资本也日益增加，如果产业部门和商业部门还继续从事这一部分活动，必然会影响市场的发展和剩余价值的增加。另外，随着经济的发展，产业部门与商品部门中涉及的事物日益复杂，但人的精力和能力是有限的，也会感到精力不足和技术业务知识不够，这一切都在客观上要求产业部门的商品买卖涉及的金融资本业务交给专门的机构去完成，从而出现了生息资本，出现了现今的金融机构和与金融机构相关的金融资本。生息资本也是从产业资本中独立出来的，是为产业部门服务的。如果说从产业资本与商品经营资本中独立出来的货币资本就是现代金融资本的雏形，那么生息资本可以说就是金融资本了。生息资本主要包括借贷资本和高利贷资本，它们是生息资本的两种形式，而银行资本以及股份资本都属于生息资本，也属于金融资本。

1. 借贷资本

随着社会生产力以及商品经济的发展，借贷资本从产业资本中分离出来。借贷资本是为产业资本和商业资本服务的。它是一种特殊的资本形式，在资本主义制度下，借贷资本家为了获得利息，暂时将其持有的货币资本贷给产业资本家与商业资本家，这部分货币资本就是借贷资本。在社会主义社会，借贷资本由两部分组成，一部分是产业资本中暂时闲置的资金，另一部分是居民的储蓄，这部分储蓄是通过金融机构暂时贷给企业使用。

借贷资本属于生息资本的一种形式，在资本主义社会以前的生息资本是高利贷资本，高利贷资本也是生息资本的一种形式。借贷资本与高利贷资本都是为了获得利息而暂时贷出的货币资本，但是它们之间又有很大的区别：第一，它们出现的时间不同，高利贷资本出现于原始社会末期，而借贷资本出现于资本主义社会。高利贷资本主要存在于奴隶社会与封建社会，其是随着私有制的出现与商品货币关系的发展而出现，主要与当时的小生产者相对应。

而借贷资本是从产业资本与商业资本的运动中独立出来的，与资本主义社会的生产过程密不可分。第二，它们的来源不同，高利贷资本主要来自储藏的货币，而借贷资本是从产业资本与商业资本中游离出来的闲置的货币资本。第三，它们的贷款对象与目的不同。高利贷资本的贷款对象主要是小生产者，如农奴、手工业者以及农民等，这些小生产者是高利贷的主要剥削对象。另外，还贷给一些奴隶主与封建主，他们借款的主要目的是弥补开支与应付意外等，这也间接地占有了广大劳动者的剩余价值。而借贷资本的贷款对象是职能资本家，借款的目的主要是获得利润，而贷款利息主要来自产业工人创造的剩余价值，也就是说，借贷资本所获得的利息来自产业部门，借贷资本家与职能资本家共同瓜分产业工人的剩余价值。

借贷资本与资本主义和社会主义的再生产过程中的资本循环和周转密不可分，资本的循环与周转为借贷资本的出现提供了可能性与必然性。在社会的再生产过程中，一方面出现了大量的闲置货币资本，另一方面一些职能资本家又会对货币资本产生经常性的需求，而资本的本质在于不断获取剩余价值，因此，暂时闲置下来的货币资本就贷给需要补充货币资本的产业资本家或者是商业资本家，这样就形成货币资本的借贷关系，这些货币资本从产业资本或者是商业资本中独立出来，形成了借贷资本。

从以上分析看出，借贷资本是从职能资本的运动中独立出来的，是为职能资本服务的，其利息还是来自产业工人创造的剩余价值。根据金融资本的含义可知，借贷资本属于金融资本。

2. 银行资本

银行资本属于生息资本，同时也是金融资本。随着生产社会化与市场经济的发展，迫切需要一个专门从事经营货币资本的部门，这样银行就出现了，不管是在资本主义社会还是在社会主义社会，都离不开银行，而且银行对于国民经济的发展日益重要了。银行资本指的是银行的经营者经营银行所使用的全部资本，其来源主要包括两个部分：一部分是银行经营者的自有资本，另一部分是通过吸收存款而进入银行的借入资本。银行资本从物质构成来看，也分为两个部分：一部分是现金，包括黄金和银行券；另一部分是有价证券，它主要包含商业票据（期票与汇票）、公债券、国库券、票据和不动产抵押单等，这部分有价债券已经虚拟化了。马克思提出，"银行家资本的最大部分纯粹是虚拟的"[①]。资本主义银行与社会主义银行相比有很大的区别，资本主义制度下的银行主要是为资本家所有，而社会主义制度下的银行主要是国家控股的银行，主要是国家银行或者是股份制银行。

银行主要有两个基本职能：一个是吸收社会上分散的暂时闲置的货币资金与小额货币资本，从而形成借贷资本；另一个是通过发放贷款的方式把这些暂时闲置的资本贷给职能资本家。因此，银行便成了贷款者与借款者、债权人与债务人之间的中介人。与此相对应，银行业务也由两部分组成：负债业务与资产业务。

银行的负债业务主要是吸收存款与吸收资本，在银行

---

① 《马克思恩格斯全集》（第二十五卷），人民出版社1974年版，第532页。

所有的货币资本中，自有资本只是银行资本的很小一部分，大部分资本是靠吸收存款获得的。银行资本主要来源于三个方面：其一是职能资本在循环或者周转中暂时闲置下来的货币资本；其二是在市场经济制度下食利者阶层所拥有的大量的货币资本；其三是工人、农民以及手工业者等一般居民闲置下来的小额余款，这些闲置下来的小额余款本不是资本，其存入银行后便成了借贷资本。而银行的资产业务主要包括发放贷款和运用资本两个业务。

从以上分析可以看出，银行资本是从职能资本的运动中独立出来的，是为职能资本服务的，其利息还是来自产业工人创造的剩余价值。根据金融资本的含义可知，银行资本属于金融资本。

3. 股份资本

股份资本是生息资本的一种形式，也属于金融资本。随着资本主义社会的发展，股份制也得到了高速发展。在资本主义制度下，商品货币经济比较发达，资本主义的生产也是社会化的大生产，要求有大量的货币资本，因此，资本积累和资本集中出现。而单个资本家的资本集聚是远远不能满足资本主义制度下社会化大生产的需要，尤其是一些大的生产部门所需的货币资本不是单个人所能拥有的，必须靠资本集聚与资本集中来融资。这样的融资有两种方式：第一，通过强制措施使资本集中在实力相对雄厚的大资本家手中；第二，通过股份制把大量资本融合起来。个别资本变成社会资本靠的是信用，只有信用才能把分散的货币资本集中到单个大资本家或者是联合的资本家手中。发行股票与建立股份公司就是靠信用来筹集资本的一种方式。由此可见，股份制与股份公司是在资本的集聚与集中下，靠信用建立起来的。

随着商品经济社会化生产的高度发展，在当代发达资本主义国家中，不管是工业、商业以及农业，还是金融业，基本都实行了股份公司制，股份制也有了新的变化和新的特点：第一，股份公司的规模逐渐扩大，从而形成了一些巨大的垄断组织；第二，出现了以产业资本与金融资本融合的巨大的金融财团；第三，随着金融经济一体化的出现，股份资本也国际化了，由此出现了跨国公司；第四，股票交易空前发达，股份公司股票发行量也急剧增加，由此，股票的多元化与分散化趋势比较明显。

股息来自产业工人创造的剩余价值，股票持有者可以凭票定期从企业获得一定的收入，这个收入被称为股息。股份资本属于生息资本，是为了取得股息而暂时投入企业的货币资本，也是为职能资本即产业资本和商业资本服务的。从以上分析可以看出，生息资本属于金融资本，其是从职能资本（产业资本与商业资本）的运动中游离出来的，是职能资本生产过程与流通过程的延续，同时也为职能资本的运作服务，协助剩余价值的生产与实现，因此生息资本具有职能资本的属性，同时也具有非职能资本的性质。

第二节　金融危机分析

2008年美国发生的金融危机波及全球，进而引起了国际金融危机。这次的金融危机不但波及全球主要金融市场，而且快速蔓延到了实体经济领域，造成了实体经济萎缩与信用崩溃等，这也是金融资本异化带来的严重影响。这次危机重创了华尔街，还引起了 2011 年的"占领华尔街"运动。目前，金融危机最困难的时期已经过去，但是仍然面临着后危机时代复苏经济与发展经济的重要任务。

在目前金融一体化、贸易自由化与全球化的背景下，金融资本可以在全世界 24 小时自由流动，从而导致国际金融资本的迅速扩张或者膨胀，尤其在一些发达资本主义国家如美国，金融资本过度扩张与积累，不仅导致其国内金融资本运动的矛盾积累与经济失衡，也牵连世界上的其他各国，导致货币资本同实体资本之间矛盾的迅速积累与失衡。相应地，虚拟经济和实体经济之间也出现了矛盾的迅速积累与失衡。与此同时，金融资本出现的不正常的扩张与收缩，最终引发了 2008 年的金融危机。而且，这次危机爆发，就很快在世界范围内扩散与蔓延，并且经由广泛的渠道强烈影响许多相关国家的金融体系与实体经济。

一　金融资本与金融危机

2008 年国际金融危机是金融资本过度自我膨胀的结果，是金融资本在价值形式上的过度积累引起的矛盾破裂的结果，是金融资本严重脱离实体经济的结果。

金融资本属于历史范畴，是资本历史形态演进的最高阶段的产物，其具有逐利性，以价值增殖为目的。20 世纪 80 年代全球经济金融一体化以来，金融资本不再局限于国界而在全球自由流动，资本主义制度下的生产方式根据其内在的矛盾不断地进行调整，这就造成了货币资本与虚拟资本的过度积累，也可以说金融资本得到了过度积累。而现代金融资本又是脱离于实体资本和实体经济的存在，这种过度的积累造成了资本主义原有矛盾的加深，随之也带来了新的矛盾和问题。引起金融资本过度积累的原因主要表现在两个方面：第一，随着20世纪80年代全球经济金融一体化的出现，职能资本不断向银行资本和生息资本转移，导致了金融资本的不断积累；第二，实体资本不断地向虚拟资本转移，进而在金融领域诸如金融市场与金融工具的交易上出现了大量的过剩资本，造成了金融资本的过度积累。金融资本的过度积累会在一定程度上导致虚拟资本的过度积累，虚拟资本的发展又反过来促进了金融资本的积累，两者是相互促进的发展关系。所以，金融资本毫无限制地实现了利润最大化，甚至是突破了时间、空间以及物质形态的限制。

（一）金融资本是货币资本的一部分，货币资本与金融危机的关系

金融资本是货币资本的一部分，是资本的高级形态，且其核心与主体是货币资本。逐利性是资本的本性，由于本性使然，资本通过逐渐突破各种限制来争取各种存在形式与各种运动。职能资本是资本最初的存在形式，生息资本是从职能资本的运动中游离出来的，一开始是为职能资本的运动服务的，最初和产业资本的联系比较紧密，也主要服务于产业资本。在产业资本的运动过程中，产业资本家追求剩余价值，阶级矛盾必然存在，而生息资本的运动则不可避免地会受到阶级矛盾的制约，这种限制也是在产

业资本的运动中产生的，最后，必然会出现生息资本独立于产业资本运动的趋势。随着货币资本脱离了产业资本而独立运动，货币资本的积累也就不再依靠实体资本，特别是当不再实行金本位制时，货币资本更是不受实体资本与产业资本循环运动的限制，甚至是完全脱离了实体资本。

随着经济社会以及信用制度的不断发展，商品经济与商品交换高度发展，居民收入或者是现实的货币资本，只要是为了获取一定的收入而借出去，就转化为借贷资本，也就是生息资本。货币只有具有了自行增殖的能力时才可以成为资本。从以往的历史进程可以看出，只有在资本主义制度下的资本主义生产的环境中，货币才可能转化为资本。但是，货币资本的积累过程与货币转化为资本的过程有很大的不同，货币资本的积累很可能是现实积累扩大的产物，同时也可能是其他完全不同的要素造成的，既可能是伴随着现实积累的扩大而出现的不同于现实积累的要素，也有可能是现实积累停滞而带来的货币资本的积累。货币资本的积累与现实资本的积累有本质的区别，但货币资本的积累同样可以使其所有者获得收入，主要是凭借其所有权或者是直接索取权。但是，通过现实资本的积累而促使借贷资本的积累扩大，货币资本必然会逐渐出现过剩，而且这种过剩的现象必然会因为信用的膨胀而出现膨胀。因此，只要生产过程打破资本主义制度的制约，必然出现货币资本的过剩，贸易过剩、生产过剩以及信用过剩等必然出现。在2008年国际金融危机之前的危机属于传统的金融危机，是由生产性过剩引起的，是现实资本过度积累引起的而不是货币资本的过度积累引起的。现在的金融危机是货币资本的过度积累造成的，而这种过度的货币资本的积累也只有在过度金融化的情况下才会出现。

资本在其运动中具有三种不同的存在形态，即货币资本、生产资本以及商品资本。资本的三种存在形态的流动性也不相同，在其三种存在形态中，按流动性从强到弱依次为货币资本、商品资本、生产资本。货币资本完全是流通中的资本，完全不受生产过程的制约，其流动性最强。商品资本虽然也突破了生产过程的限制，但其和销售阶段对应，自然受到销售阶段的限制，其流动性自然不如货币资本的流动性强。生产资本的流动性之所以最慢，是因为其包括固定资本例如机器、厂房等，在生产过程中几乎没有流动性。现实中，在经济社会的发展过程中，通过货币形式来积累资本，从而资本的流动性与重组可以得到提速，货币直接索取权形式和所有权证书形式也可以达到这样的目的。但是，因为资本具有逐利性和投机性，资本的自由流动与重组必然会对社会生产产生不利影响，也会导致出现新矛盾以及新矛盾积累。

第二次世界大战后，一些发达的资本主义国家受到当时经济危机的重创，为了使经济复苏，这些国家试图利用金融和资本管制来控制经济，而这种方式严重阻碍了生产的发展，导致资本没有得到最优利用，因为这种对经济的控制严重缩小了资本的运动范围，严重背离了资本运动的趋势和目标。面对这一情况，自20世纪80年代开始，这些国家不得不解除对金融与资本的管制。英国撒切尔夫人和美国里根总统开始实施以自由化、放松金融管制和私有化经济政策为核心的新自由主义体制，全球经济金融一体化程度日益提高。在这种情况下，资本更是呈现出疯狂的逐利性，各种金融机构之间也产生剧烈的竞争，金融创新迅速出现，随之大量金融衍生产品快速出现。投机者的投机行为变得更容易，也不需要太大的成本，相关法律约束也失去了效力，价格变得更扭曲，更为严重的是会计规则被控制。① 与此同时，资本的逐利性被激发到了非常高的程度，金融机构竞相采用杠杆经营模式，而其通过吸收存款、发放有价证券等使得其资产规模远远超越其自有资本。由于资本的逐利性与流动性的增强，金融衍生产品的规模逐渐增大。在这种情况下，货币资本家与金融机构为了获取利润不断开拓次级贷款市场，证券化的商品逐渐出现，金融技术得到大幅提升，最后大量虚拟金融商品得以衍生。由于金融经济一体化，这些证券化的商品和虚拟金融商品流动性特别强，造成了过度金融化，金融资本与国内生产总值的比值逐渐上升。在欧元区国家中，1995 年的比值为 180%，而到了 2005 年，急剧上升为 303%，10 年间上升了 123 个百分点。在同一时期，英国的这一比值从 278% 上升至 359%，美国从 303% 上升至 405%。不难看出，美国与英国的比值比欧元区国家大出很多。麦肯锡全球研究所指出，全球金融资产与全球年度产出的比值，已从 1980 年的 109% 极速上升至 2005 年的 316%，在 2005 年，全球核心资产存量已达 140 万亿美元。②

---

① Randall Dodd, "Derivatives Market: Sources of Vulnerability in US Financial Market", in Gerald A. Epstein, ed., *Financialization and the World Economy*, Edward Elgar, 2005, chapter 61.

② 马丁·沃尔夫：《从管理资本主义到金融资本主义》，《中国企业家》2007 年第 14 期。

由于金融经济全球化的发展，资本所有者因为世界范围内各国的金融市场交易自由化而能获得更多的利润，同时，在全球范围内，各国货币市场与金融市场的自由联系以及比较容易很快集中起来的储蓄存款，使资本所有者获取利润的机会逐渐增加。金融化与货币资本的积累也逐渐具有了全球化的特点，也可以说金融资本的积累越来越具有全球性。尤其是在一些发达资本主义国家，借助金融全球化的发展，金融化与货币积累已经不局限在国内，更不再受国内因素的制约，可以很大程度地影响货币资本的积累与各国储蓄的转移去向，其影响方式主要是该国金融资产的创新、世界范围内的行销以及利用其强大力量主宰世界货币。金融自由化的发展，产生了过度的金融化与货币资本的过度积累，资本固有的矛盾在一定程度上得到了深化，与此同时，也积累与发展了新的矛盾。因此，很快出现了相应的问题，货币资本出现了相对过剩，信用的逐渐发展更是推动了这种相对过剩的速度与规模。因此，生产和消费可以借助借贷货币资本突破资本主义的限制而增长，而且货币资本虚拟价值的泡沫化可以将生产和消费推到极端，当其泡沫破裂时，金融危机必然爆发。在货币资本的不断积累中，银行和信用也逐渐得到了扩张与膨胀，在这种情况下，资本主义制度下的生产可以突破自身的限制，资本主义制度下的消费也同样可以突破自身的限制。传统的经济危机就是生产逾越一定程度的限制而爆发的，同样地，依靠借贷资本而超越资本主义界限的消费同样也会为金融危机埋下隐患。

在货币资本过度积累的大环境下，借贷资本可以使整个社会的消费突破一定程度的限制，使消费力的限制得到了缓解，所以，这种得到缓解的消费力和应有的、适应于社会发展的消费力非常不匹配，而是得到了超过一定限度的增长，这种情况有违经济社会发展的规律，因此一定不会长期存在。马克思提出，绝对的生产力和绝对的消费力都不能决定社会消费力，只有以和其有对抗性的分配关系为基础的消费力才决定社会消费力，而这里的分配关系可以使大部分人的消费缩小到一定限度内的最低限度。这里的消费力还要受到一定的制约，例如追求积累的欲望、扩大资本以及扩大生产规模的欲望。人们的收入能够限制借贷资本，而当这种限制达到一定程度时，借贷资本的循环也受到了限制，从而不能正常运动，而依靠借贷资本来消费的行为必将引起金融危机。因为货币资本的积累在很大程度上是生产索取权的积累，而这种索取权的价格含有一定的虚拟性与幻想性，所以货币资本的积累也就虚拟化了。在金融化的过度发展带来货币资本的过度积累的背景下，依靠借贷资本进行的所有行为活动都存在巨大的泡沫，而当这个泡沫破裂时，借贷资本也就随着缩水，金融危机必然出现，这也就是美国次贷危机发生的原因。美国的次贷市场受到了较长时期的货币资本过度积累与随之出现的借贷货币资本过剩的冲击。从表面上看，房地产市场空前繁荣，其实是房地产泡沫在逐渐扩大。当这种泡沫膨胀到一定程度，必定会破裂，从而次贷市场的借贷资本循环出现困难，次贷危机必然出现，并由此波及全球金融市场。从以上分析可以看出，在经济金融化背景下，货币资本得到过度积累，虽然经济社会中的生产与消费可以突破其自身的限制，使得一些生产与消费得到一定程度上的缓解，但也会引起金融危机。在金融全球化背景下，货币资本的过度积累得到了世界范围内的扩张，通常一些发达国家的货币积累与其职能资本严重不协调，经常远远高于职能资本，为了寻求自身的发展，其依靠自己强大的综合国力把因过度积累而产生的货币资本输送到其他国家，即从国外的金融市场寻找机会。而当过剩的货币资本转向国外金融市场时，会引起被输入国家或者区域性金融市场的动荡甚至是产生金融危机。与此同时，这些过剩的货币资本变成了国际储蓄与输入商品的强有力工具，接着必然会引起世界范围内经济的不平衡。

美国就是一个典型的例子，其国民消费水平普遍比较高，储蓄相对其消费水平非常少，可以说非常不匹配。美国国民这样的消费完全靠借贷资本缓解。由于过度积累而产生的货币资本必须向其他国家输送，以便寻找发展的机会，美国主要是通过账户赤字与其他补充性手段发行国债来输出货币资本，只有这样，才能维持其过高的消费以及避免低储蓄率给现实的资本积累带来的不利影响，美国国内的矛盾与不平衡也才会解决。在美国和其他国家进行贸易的过程中，基本上是对美国出口商品的国家获得商业结余，出口国获得作为世界货币的美元，而美国由此获得对出口国的经济上的信贷。因此，美国为了填补自身实体资本现实积累的不足，向其出口商品的国家发行大量国债，接着，这些进口国对美国的货币或者是货币索取权必然出现积累，而美国的国内矛盾暂时得到解决，但是其根本问题仍然没有得到解决。然而，美国依靠对货币资本的积累可以控制和支配其他国家的储蓄和商品，加之美国具有高消费的传统，其国内生产与消费活动自然而然地会打破由生产关系与分配关系所决定的限制，其国民必然由于借贷资本的缓解来支持生产与消费活动，发展到一定的程度，危机必然爆发。货币资本的过度积累产生的泡沫随之破裂，实际资本严重缩水，而且由于国际贸易和国际资本流动等渠道比较畅通，扩散性也比较强，世界上各个国家的经济和国际金融领域都会受到严重的影响。更为直接的是，对美国出口的国家必会遭受严重的经济损失。从以上分析可以看出，在金融全球化的背景下，货币资本的过度积累会引起全球性的金融危机。

（二）*金融资本虚拟化，虚拟资本与金融危机的关系*

当今的金融资本已经严重虚拟化，在一定程度上已经是虚拟资本。所以要弄清金融危机爆发的原因，很有必要分析虚拟资本与金融危机之间的关系。货币资本的积累是虚拟资本积累的基础和源泉，虚拟资本主要通过有价证券表现出来，尤其是20世纪80年代金融管制的放开，带来了全球范围的金融自由化浪潮与私有化浪潮，虚拟资本市场与虚拟资本的积累都得到了空前的发展。与此同时，虚拟资本的过度积累也引起了一些不良现象，如国民财富的过度集中与收入分配差距扩大，还导致虚拟资本独立于实体资本，造成了虚拟资本严重偏离实体经济，也可以说是金融资本严重偏离于实体经济，金融资产出现泡沫化。最后，金融领域的投机性和不稳定性持续上升，导致金融风险严重积累，最终金融危机爆发。

虚拟资本是能够带来收益的资本，其主要以纸制复本形式表现，其和信用制度以及未来收益的资本化过程密不可分。关于银行资本，马克思提出，银行资本的绝大部分属于虚拟资本，其主要包括债券、国家证券以及股票三个部分。从目前来看，货币资本的积累对银行资本与非银行金融资本的发展做出了巨大贡献，而在另一个层面，货币资本的积累也造成了一些不良影响，就是导致了虚拟资本的过度积累，这是因为货币资本的过度积累造成了货币资本的虚拟化。马克思指出，虚拟资本仅仅是代表一种索取权或者是权利证书，而且它的时间限定是未来。所以，虚拟资本的积累对实体经济部门没有很大的帮助，不具有生产性。马克思提出有价证券是资本家剥削无产阶级的所有权证书，而这种有价证券通过各种方式可以造成虚拟资本的不断积累。可以看出，虚拟资本的积累与现实资本的积累截然相反，虚拟资本的积累可以导致资本与劳动者之间出现矛盾，引起资本家与劳动者之间的矛盾，造成财富过多地积累到部分人手中，而这部分人利用积累到的大量财富，可以从现实的生产中获得更多的收益，因此造成了收入分配极度不合理，贫富差距扩大。货币资本自身并不是非常稳定，而是有一定的不确定性，因此货币资本的积累必然会引起虚拟资本的积累。虚拟资本的过度积累对现实生产贡献不大，不具有生产性，以致严重脱离实体经济，并与实体经济之间矛盾重重，进而引起金融风险的积累，接着引起资本的扩张与收缩，最终金融危机必然出现。

　　虚拟资本与现实的资本完全不同，其货币价值是虚拟的，自身仅仅具有很小的价值，和其所表现出来了的价值相差非常大。虚拟资本通过有价证券表现出来，仅仅是和收益支取相关的一种凭证。其所代表的价值与所代表的实体资本之间可以说是基本上没关系。人们购买并持有这些货币资本有两方面原因：第一，这些表示虚拟资本的有价证券能够在既定时期获得既定收益；第二，出售这些有价证券，可以获得资本价值补偿。这些虚拟资本的价值并不是稳定不变的，其市场价值是因所有权索取的收益的大小与可靠程度的大小而确定的，也就是说，其市场价值随时都可以变化。更重要的一点是，虚拟资本的积累可以在毫无物质基础的情况下进行，如利用纯技术手段来积累。从当今经济社会情况与理论上看，虚拟资本可以无限积累与膨胀，与其膨胀部分相对应的过剩的资本，实质上就是一个大吸收器。在金融过度自由化背景下，这个膨胀部分可以进行自我创造，而且，由于具有较高的利润率与流动性，资本由实体部门转向虚拟部门，造成实体经济萎缩，因此货币资本的积累以及随之出现的虚拟资本的过度积累，是资产泡沫化与实体经济萎缩的基础与源泉。主要原因是：过剩的货币资本逐渐向虚拟资本领域和其他易于泡沫化的资产领域转移，导致这些领域的资产价格逐渐上升，而价格的上升可以驱使该相关领域的实际投资增加，增加到一定程度，资产泡沫破裂，最终金融危机出现。

有价证券的市场价格不受其价值的影响，因为有价证券属于虚拟资本，虚拟资本本身没有价值，而是取决于其未来的收入，所以说，有价证券的市场价格不受其现实收入的影响。由此可以看出，虚拟资本的价值（有价证券的市场价值）必然部分地具有投机性。在金融化条件下，这部分投机因素在金融领域非常活跃，甚至是逐渐地支配交易过程。现如今，一些发达国家的经济经常以信用和金融来支持，在逐利性的推动下，虚拟资本迅速膨胀，其内在的投机因素得到放大，但是，它依靠复杂和发达的金融衍生产品伪装起来，而不是像过去一样通过空头汇票表现。

在金融化条件下，货币与经济危机通常是因虚拟资本的收缩与扩张引起的，这种收缩与扩张也可以增加危机的程度。商品资本在资本的循环与周转中可以转化为货币资本，这个货币资本代表了商品资本的价值量，所以说，商品资本既具有使用价值也具有价值。这些有用物品随着金融危机的出现而出现过剩。但是对于商品资本，作为可能的货币资本，在金融化条件下，在金融危机前与金融危机期间都具有收缩运动，其自身以及作为可能的货币资本，经常是处在扩张与收缩运动中。虚拟资本如生息资本，其作为货币资本在证券市场交易的同时，也是处在扩张与收缩运动中。当货币资本处在扩张时期时，虚拟资本的价格上升，因为扩张时期的虚拟资本的持有者可以比较容易地获得资本或者货币；当利息下降、信用缺失以及所有权要求的收入降低时，作为可能的货币资本，会随之收缩，而虚拟的货币资本也会随之收缩，最终引起虚拟资本价格的下降。虚拟资本的持有者在金融市场中获取货币的能力降低，最终抑制了生产与消费增长，使货币和资本的流通受阻，货币危机与经济危机必然出现。

从以上分析可知，在金融化条件下，金融危机出现的主要原因是虚拟资本的过度积累。起初虚拟资本的过度积累引起了虚拟资本和现实资本的脱节与矛盾，而且虚拟资本本身固有的虚拟性、投机性，以及其所代表的货币资本的过度扩张与过度收缩，导致其价值的不稳定与金融风险的积累，当这种风险达到一定程度时，必然爆发金融危机。

金融全球化驱使虚拟资本积累的相对独立性得到了最大限度的扩大，部分国家尤其是发达资本主义国家增加了对所有权或者收益权证书的积累。这种积累可以说完全摆脱了实体经济。通常是一些西方发达资本主义国家主导世界货币。在金融一体化条件下，这些国家主要通过贸易来输出货币资本，导致相关出口国对其国货币或者货币形式索取权的积累，但这并不是这些国家的实际积累，因为实际积累是依靠国际实际资源的转移，所以，所有权证书或者收益权证书的发行变成了国际实际资源转移的方式。这引起了两方面的结果：一方面，所有权证书或者是收益权证书的积累者理所应当是一些西方发达资本主义国家；而另一方则成了实际资本的积累。货币资本与虚拟资本的过度积累导致了相对过剩，当这个相对过剩达到一定的程度时，扩张转向收缩，而虚拟资本或者生息证券代表的货币资本的价值就会大大缩水，而持有方的经济必然受到重创。相应地，在市场上，持有方获取货币或者货币资本的能力大不如前，因此，极大程度地限制了贸易、货币以及资本流动，造成了金融市场体系的连锁反应，全面金融危机爆发，而且在全球范围内扩散。因此，在金融一体化条件下，虚拟资本的过度积累将引起全球性的经济危机。

二 "占领华尔街"运动

发生在2008年的国际金融危机给世界范围内的发达国家与发展中国家带来了沉重的打击，2011年的"占领华尔街"运动则是 2008 年国际金融危机的延续。2011 年 9 月 17 日,在美国纽约的曼哈顿广场,上千名示威者聚集,部分人还带了帐篷,试图占领具有"世界金融的中心"之称的华尔街,而且扬言会长期坚持下去,华尔街将会变成埃及的解放广场,"占领华尔街"运动开始了。"占领华尔街"运动的灵感是 2011 年发生的"阿拉伯之春",特别是 2011 年在埃及开罗塔里尔广场周围发生的集会和示威运动。"占领华尔街"运动的目的是占领纽约市的华尔街金融中心区,运动的组织者试图通过占领华尔街来实现"尽可能达到我们的要求"。其意图主要是对美国政治的权钱交易、两党之争、大公司的贪婪不公以及社会不平等进行示威。此次"占领华尔街"运动的发起者是 Kalle Lasn 和一家名为 Micah White of Adbusters 的加拿大反消费主义的出版社[1],后来这次"占领华尔街"运动迅速发展成为"一起去占领"的运动,并且随之扩散到全美乃至全世界,最后抗议活动大致在 120 个美国城市发生了。

这次"占领华尔街"运动成为自 20 世纪六七十年代民权运动以来最大的一次社会运动[2],发生在美国的这次运动不仅反映了美国中产阶级所遇到的危机,更是反映了美国资本主义制度下的金融危机。随着金融化以及美国经济的发展,华尔街不仅是美国金融界的缩影,而且已经成为全世界的金融中心。它甚至可以决定全球各国金融衍生产品市场结

---

[1]《"占领华尔街"运动产生的原因》,2011 年 10 月 11 日,http://chn.chinamail.com.cn/txjs/2011-10-11/content_4694189.html。

[2]《占领华尔街运动告诉我们什么》,2011 年 10 月 9 日,http://opinion.hexun.com/2011-10-09/134024974.html。

构，还掌握了定价体系，与此同时还依赖畸形的分配机制来攫取大量财富，更是用一种很不公平的方式将这些财富进行分配。发生在美国的这次运动是美国金融危机的一个延续，其参与者目标是打破华尔街对美国金融市场的垄断。

自20世纪80年代以来，随着金融自由化的发展，金融资本可在世界范围内24小时自由流动，世界金融市场格局逐渐发生变化，世界经济也逐渐进入金融资本主义时期，这些为金融危机的到来做了充足的铺垫。实际上，美国目前所面对的全部经济问题、社会矛盾、金融危机、债务问题和政治纷争，都和美国金融资本主义制度密切相关。其最大特点是金融资本极度自由流通与极速扩张，甚至利用高速发展的金融体系将股票、期权和金融衍生产品放在金融市场中毫无管制地自由流动。若把发生金融危机之前的所有金融资本加起来，则虚拟经济的总额将会达到400万亿—500万亿美元，而美国GDP仅仅只有12万亿—14万亿美元，实体资本和虚拟资本的相差之大令人震惊。美国GDP占全球生产总值的比重正在减少，在20世纪中叶，美国GDP大概占全球生产总值的50%，而到了20世纪末期，其占比已经下降到大约30%，而其金融资本总额大概占了世界总额的50%，可以看出，美国是依靠金融资本的过度积累来捍卫并维持其地位的。

"占领华尔街"运动也是由金融资本异化带来的金融资本的过度膨胀引起的，是99%的人们追求权利平等的运动，是对分配不公的声讨，是对现代金融资本异化所带来的危害的声讨。美国金融资本异化的程度相当高，以致贫富差距相当严重，收入不平等更是危害了中产阶级的利益，贫困人群的数量也在扩大，而当时1%的人群通过贪婪和腐败成了富豪。这次运动对美国经济社会可谓是一个重创。经济问题历来对一个国家或者社会具有举足轻重的作用，经济一旦出问题，就会引起连锁的社会矛盾、金融危机、债务问题和政治纷争等。

第三节 还原金融资本

从上一节对金融危机与"占领华尔街"运动的分析可以看出，金融资本带来的金融化导致了产业资本的货币资本化和资本的虚拟化，使得社会上的实际资源从生产领域转移到非生产领域，尤其是过度地转移到具有自我膨胀的金融业，严重脱离实体经济，影响实体经济的发展，金融系统与实际生产体系之间的距离越来越远了，阻碍了生产力的发展，严重影响了经济社会的稳定。而金融资本在金融市场的这种增殖方式被普罗大众所接受和推崇，其增殖所追求的流动性往往要求以货币或准货币的形式持有金融资产，彻底掩盖了金融资本的本质。

一 金融资本本原分析

金融资本异化引起了经济社会的一系列问题，但它又是连接世界经济的纽带，很有必要让金融资本重回其本原，恢复其服务职能。金融资本是发源于马克思的资本积累和借贷资本一般规律的学说，金融资本中的生息资本是从产业资本的运动过程中游离出来的，它起初是为职能资本服务的，也就是说金融资本是为实体经济服务的，布雷顿森林体系崩溃、选票政治以及金融市场过度自由化造成了金融资本异化，由此带来了实体经济萎缩、信用崩溃、金融领域不确定性增加、社会风险加大以及贫富差距扩大，并引起了金融资本自我膨胀越来越高、虚拟程度越来越高，进而与实体资本的差距也越来越大，随着金融化程度的逐渐提高，金融资本甚至完全脱离实体经济，最终导致危机出现。如果想远离危机，金融资本必须回到其本原，为职能资本服务，也就是为产业资本和商业资本服务。

从金融资本的演进可知，金融资本的理论基础是马克思关于资本积累和借贷资本一般规律的学说，借贷资本思想是金融理论的理论基点，分析借贷资本首先从货币资本开始，依次经过生息资本、信用资本、虚拟资本与银行资本等的分析，可以说金融资本首先是货币资本。

金融资本在货币形式上经历了六个阶段，依次是：实物货币阶段、贵金属货币阶段、代用货币阶段、有价证券阶段以及金融衍生产品阶段。其中在代用货币阶段，产生了金融资本的萌芽，信用货币阶段是金融资本的产生阶段，有价证券阶段是金融资本的发展阶段，金融衍生产品阶段是金融资本的成熟阶段。但从这六个阶段看，金融资本在具有职能资本的属性的同时为产业资本与商业资本的剩余价值的生产与实现提供信用条件。

从资本形式来看，金融资本发源于货币，但此时货币只是资本的最初表现形式，服务于当时的生产与交换。货币资本是产业资本和商业资本运营的基础，从产业资本与商品经营资本中独立出来的货币资本就是现代金融资本的雏形。生息资本已经属于金融资本，从职能资本（产业资本与商业资本）的运动中游离出来，是职能资本生产过程与流通过程的延续，同时也为职能资本的运作服务，协助其剩余价值的生产与实现，因此生息资本具有职能资本的属性，同时也具有非职能资本的性质。

所以说，金融资本的本原是属于生息资本的借贷资本，是从职能资本的运动中游离出来的，同时为职能资本服务。要避免金融资本异化带来的实体经济萎缩、信用崩溃、金融领域不确定性增加、社会风险加大以及贫富差距扩大等各种社会问题，就必须还原金融资本，使其为实体经济服务，服务于职能资本部门，这样一系列社会问题就迎刃而解。

二　还原现代金融资本

现代金融资本是虚拟化的货币资本。要将现代金融资本还原到为实体经济服务的本原，必须满足 $\Delta Y/Y = \Delta K_1/K_1 = \Delta K_2/K_2 = b$，也就是说当总产出的增长率、金融资本的增长率和实体资本的增长率三者相等时，金融资本在规模和增长速度上与实体经济相匹配，才能使金融资本为实体经济服务。下面具体分析。

首先，当 $\Delta K_1/K_1 < \Delta K_2/K_2$ 时，金融资本的增长率大于实体资本的增长率，金融资本异化。这时，金融资本在规模和增长速度上与实体资本不匹配，要使 $\Delta K_1/K_1 = \Delta K_2/K_2$，资本在资本市场中必须可以自由流动，在实体资本与金融资本之间进行健康有效的配置，否则资本达不到最优配置。因此，要清除资本配置上的一些制度障碍，尽

量实现完全竞争的市场环境，国家也要进行一定的干预，避免资源配置市场失灵。且当 $\Delta K_1/K_1 < \Delta K_2/K_2$ 时，金融过度，资本在金融市场中的份额过大，而在实体经济中所占份额较小，资本分配不合理，导致实体经济发展不足而金融领域过度发展甚至出现膨胀与泡沫。政府要进行一些干预，扫除一些制度上的障碍，使金融资本和实体资本为了实现利润最大化而可以自由流动。当金融资本的增长率大于实体资本的增长率时，实体经济部门所生产的产品供给不足，而金融领域的产品则供过于求，实体经济的收益率高于金融领域的收益率，这样资本将向高收益率的实体经济部门转移。另外，在金融领域过量的资本引起了金融资产膨胀，产生严重的虚拟化，大量投机者参与的一些投机活动导致金融资产价格逐渐上升，更多的资金涌入金融领域，泡沫更加严重，金融资本与实体经济严重背离。这时，政府对金融领域和资本市场要加以管制，使消费者看清形势，抛出金融资产而投资于实体经济，挤压金融领域的泡沫。最终逐渐达到金融资本的合理状态，金融资本为实体经济提供金融服务，回到其服务功能。

其次，当 $\Delta K_1/K_1 > \Delta K_2/K_2$ 时，金融资本的增长率小于实体资本的增长率，金融资本异化。这时的金融资本在规模和增长速度上与实体资本也不匹配，金融资本要达到合理状态，即 $\Delta K_1/K_1 = \Delta K_2/K_2$，同样要求市场的完全竞争状态和政府的干预。这种情况属于金融抑制，金融业发展不足，难以给实体经济部门提供服务，不具有为实体经济服务的功能。要回到其服务功能，政府和市场同样要做出一定的贡献，政府要进行一些干预，使资本可以在金融领域和实体经济部门之间自由流动。当金融资本的增长率小于实体资本的增长率时，金融领域发展滞后，金融部门给实体经济部门提供服务也会不足，导致实体经济部门经营成本上升，同时实体经济部门的收益率也会降低。金融服务供不应求，价格上升，收益率增加，在政府清除资本流动障碍的情况下，资本将由实体经济部门向金融部门移动。而在实体经济部门，资本过量导致供过于求，产品价格下降，收益率降低，资本将会向金融部门转移。同时，由于收入效应，消费者将减少对实体经济部门所生产产品的消费而转向投资金融部门，资本也将向金融部门转移，最终达到金融资本的合理状态 $\Delta K_1/K_1 = \Delta K_2/K_2$，这时的金融资本和实体资本在规模上和增长速度上都达到了相匹配的状态，金融资本为实体经济服务，回到为实体经济服务的本原。

当 $\Delta Y/Y = \Delta K_1/K_1 = \Delta K_2/K_2 = b$ 时，金融资本和实体资本完全匹配，实际产出也将达到最优状态，金融资本回到为实体经济服务的本原。但是，要使金融资本回归本原，资本必须通过自由流动实现其最优配置，政府和市场必须为资本自由流动提供一定的条件，政府要清除相关的制度障碍使得市场达到完全竞争，也就是政府和市场都要起到作用，两者缺一不可。否则，资本达不到最优配置，金融资本也达不到合理的状态。

第四节 结论

本章从货币形式和资本形式两个方面分析了金融资本

的发展演变，本章的主要结论包括以下几个方面。

第一，在代用货币阶段，产生了金融资本的萌芽，信用货币阶段是金融资本产生的阶段，有价证券阶段是金融资本发展的阶段，金融衍生产品阶段是金融资本成熟的阶段。金融资本具有职能资本属性的同时为产业资本与商业资本的剩余价值的生产与实现提供信用条件。

第二，金融资本发源于货币，但此时货币只是资本的最初表现形式，服务于当时的生产与交换。货币资本是产业资本和商业资本运营的基础，从产业资本与商品经营资本中独立出来的货币资本就是现代金融资本的雏形。

第三，现代金融资本的源头是货币资本，具有为实体经济服务的功能。要使现代金融资本回归为实体经济服务的本原，必须满足 $\Delta Y/Y = \Delta K_1/K_1 = \Delta K_2/K_2 = b$，也就是总产出的增长率、金融资本的增长率和实体资本的增长率三者相等，这就需要政府的监督管理和市场自由化同时发挥作用。

第五章 政策建议

第一节 金融资本还原论目标

对金融资本进行还原,还原到其服务功能的本质,可以有效为实体经济服务,解决实体经济萎缩、信用崩溃等社会经济发展深层次的矛盾和问题,使得各个国家和地区达到平衡发展、收入分配合理以及减少收入差距的目的,从而使整个社会和谐发展。金融资本还原的目标是解决金融资本异化带来的一系列经济社会发展的深层次矛盾和问题,贯彻落实科学发展观,构建和谐社会。现代金融资本的异化,带来了金融资本的过度积累,导致实体经济萎缩,信用崩溃,破坏了国民经济的结构稳定,造成了依附于金融资本的职能资本如产业资本、商业资本之间的矛盾,社会各阶层之间也是矛盾重重,贫富差距越来越大,动摇了社会根基。把金融资本还原到为实体经济服务的本原,可以解决这些经济发展的深层次矛盾与问题。

科学发展观的第一要义是发展,把金融资本还原到为实体经济服务的本原,帮助我国乃至整个世界正确认识金融资本，正确认识现阶段经济社会的发展规律，有利于制定正确的路线方针。要时刻正确认识到运用金融资本来发展经济的同时更加注重金融资本为实体经济服务的本原，认识到经济发展应该是协调与可持续的发展，如此才能构建和谐社会。所以，解决人民群众最关心、最直接以及最现实的利益问题是和谐社会的基本要求，金融资本还原到本原，可以促进社会公平正义、共同富裕以及缩小收入差距，可以促进世界各国之间的和谐。总之，把金融资本还原到其服务功能的本质，是社会主义和谐社会的基本要求。

第二节　政策建议

金融资本是连接世界经济的纽带，金融资本异化带来的过度金融化导致产业资本的货币资本化和资本的虚拟化，进而引起社会上实际资源发生转移——由生产领域向非生产领域转移特别是向金融业过多地转移，造成其与实体经济过度分离，这对实体经济的发展产生了不良影响，金融系统与实际生产体系之间的距离越来越远，阻碍了生产力的发展，严重影响了经济社会的稳定。但是，广大民众对金融资本在金融市场上的此类增殖方法非常认可。金融资产的持有方式为货币或者准货币，这是由其在增殖过程中为了获得最大的流动性所决定的，这也彻底掩盖了金融资本的本质。

随着过度金融化以及金融主导型积累机制的出现，金融资本所涉及的领域不断扩大，其社会权利也大量增加，导致金融资本经由货币资本化及虚拟资本化这两种方式来控制社会资本和再生产的过程，从而很大程度上控制了社会经济。金融资本对社会资本的集中与积累是通过金融过程即金融化积累完成的。金融化积累机制存在固有的内在不稳定性，这是因为金融化积累导致货币资本、虚拟资本严重脱离现实的资本积累，而且现实资本积累自身存在一些不稳定因素，另外货币资本与虚拟资本在积累过程中不断地出现扩张和收缩，这都导致了其内在不稳定性的存在。金融资本的内在不稳定性以及虚拟资本积累和货币资本积累，如果超过某一特定的限度，金融危机就会出现。随着经济金融全球化的发展，一些发展中国家包括我国在内，已经成为发达资本主义国家主导的金融化积累机制不可或缺的一部分，比如拥有大量的外国国债、外汇，持续面对输入的外部冲击。金融化积累机制对我国财富生产以及实际资本积累会带来很大的危害，为了在以后参与国际合作的过程中尽量避免或者降低这种危害，更为了避免一些发达资本主义国家过度金融化带来的危害，我们必须弄清楚造成金融危机的原因，研究金融资本，提前做一些应对措施。

　　一些西方主流经济学家认为"监管缺位""政策失误"以及"金融创新"等造成了当代的金融危机，当然这些也是造成金融危机的一些因素，但从马克思主义的角度来看，都比较表面化。如果仅仅从这几方面来说明金融危机的根源，就掩盖了金融危机的真正原因，解决不了实质性的问题。基于以上理论分析，本章从以下六个方面来应对以金融资本为核心和由金融资本异化而引起的金融危机。

一 坚持马克思主义指导原则，正确理解金融资本还原理论

现代金融资本虚拟化程度比较严重，金融领域异常繁荣，而且处在经济金融一体化的大背景下，金融资本越来越远离其本原。我们必须重温马克思的生息资本、信用资本、虚拟资本与银行资本等理论，找出金融资本的本原，从其本原角度研究金融危机、货币战等，分析金融资本爆发的原因，由此可以认清和把握金融资本的本质与运行规律，从而实现金融资本的良性发展，尽量避免金融危机。目前最最困难的时期已经过去，现在面临的是后危机时代的经济复苏与发展，幸运的是，在认识到金融危机的频繁发生必有其深刻的原因后，开始研究其原因，我们应该以马克思主义思想为基础，探索金融资本的过度膨胀等现象，这有利于我们更好地驾驭金融资本，加强对金融体系的监管，防范金融危机。

二 征收金融交易税

美国著名经济学家、诺贝尔经济学奖获得者詹姆斯·托宾，于1972年首次提出金融交易税，也被称为"托宾税"，其是一种全球统一的交易税，是对现货外汇交易课征的一种税。征收金融交易税可以减少金融市场的波动、保护全球货币稳定以及贴补财政赤字。在国家内部，征收金融交易税就是对全部金融工具的买卖进行征税。顾名思义，金融交易税是一种以交易为基础而征收的税，它就好比印花税，是一种需要"用者自付"的税，这样可以适当地控

制金融业中的投机性交易。当今的情况是，政府经常为了公众的利益而不得不伸出援助之手对金融系统进行救助，就好像是金融业为了应对金融危机而支付保险费，政府则是收取保险费的一方，也就是说，政府对金融业进行了补贴，而金融业则没有为此支付相应的成本，也就是没有被征收适量的交易税，如果征收了这部分税收，也就填补了由此而出现的财政赤字，即贴补财政赤字。征收金融交易税也可以对收入分配进行一些调整，对富人多征税，贴补穷人，减少贫富差距。另外，就如博彩税一样，通过征收金融交易税，可以为公众筹集大量资金，金融业是一个高盈利性行业，也算是为了它的投机性而征税。

在布雷顿森林体系崩溃后，固定汇率制被浮动汇率代替，通货膨胀也不断出现，在日益繁荣的国际金融交易中，金融资本越来越自我膨胀，而且可以一天24小时在全世界范围内自由流动，一些投机性的金融交易也日益繁荣，征收金融交易税非常必要。随着经济全球化日益推进，金融交易税的征收范围有了一些新的变化，征收国际金融交易税，也就是说不只是对外汇交易进行征税，还要对跨境的、与具有不同国籍的金融交易双方征收金融交易税。现如今，世界各国都实行金融自由化政策，金融资本可以随时自由地跨境流动，这也增加了世界各国宏观管理的复杂性，而且严重影响了货币汇率体系与金融的稳定性，国际跨境金融资本流动，已经成为当今最为迫切的战略性议题，征收金融交易税的呼声相应地也大起来。

为了缓解金融资本大规模流动造成的汇率波动，许多国家都支持征收金融交易税。法国经济形势观察中心著名经济学家亨利·斯特迪尼亚克指出，世界各国每天外汇市场的净成交量约为4万亿美元，若以较低的税率对金融交易进行征税，不但可以减少金融市场的投机性交易，还可以筹集到一定规模的资金。2013年2月14日，欧盟委员会正式通过并推出了金融交易税（FTT），并将从2014年1月开始，在其所管辖11个国内对金融市场上的所有金融交易进行征税。在2013年8月，法国就率先推出了征收金融交易税的试点。①

三 严格控制过度金融化

金融业利用货币和非货币手段，使不同的经济单位之间的资金彼此关联。对于居民持有的收入和由货币转变而来的货币资本及职能资本在循环过程中暂时不用的一些货币资本，金融业可以把它们再次集中起来进行分配，这种资本积累及资本配置的方法非常有用，效率也十分高。然而，过度金融化会导致虚拟资本化以及货币资本化超出合理性限度：一是通过降低生产领域的资本，即降低实体经济的资本，对实体资本的积累产生不好的影响；二是过度的金融化导致过多地运用虚拟资本和货币资本，造成金融市场的不稳定性与投机性，进而影响了金融市场的效率。所以，金融化必须得到严格的控制，特别是对于一些发展中国家，不要过快推进金融市场的证券化与自由化，金融创新不能过度发展，金融衍生工具也不能过度发展，否则适得其反。

---

① 《欧盟正式推出金融交易税》，2013年2月16日，天和网。

四　鼓励资源向实体经济部门流动

从本质上来看，金融资本异化造成的过度金融化是非生产性的，它不但没有增加一个国家的实际资源和资本，反而缩减了实体经济规模，这是因为它的存在及扩大依赖于实体经济部门所创造的剩余价值。所以说，金融化积累机制导致资源过度从生产领域流向非生产领域，也可以说从实体经济向非实体经济转移，向自我膨胀力非常强大的金融领域转移，这种转移削减了剩余价值的生产，不利于一国经济的蓬勃发展。对于一个国家来说，只有在生产领域才可以创造剩余价值，也就是实体经济才会创造剩余价值，实体经济远比虚拟经济重要，与虚拟财富的累积相比较，提高生产力才是关键。因此，政府应该制定一些相关政策，通过强制性或鼓励性的方法引导人才和资本向生产性部门转移，以达到阻止金融业自我膨胀的目的，大力发展实体经济。

五　严格控制被严重虚拟化的金融资本的流入

金融化资本积累机制的存在，导致金融资本产生了国际性特征，即在全球范围内都可以不受约束地转移，进而导致虚拟资本积累、货币资本积累与实体资本积累完全分离，即在全球范围内，金融资本彻底脱离了实体经济。在世界货币起主导作用的国家，其货币资本实现了过度的积累，所以它可以经由贸易、货币或者货币资本输出，从而促进有关国家对本国货币或货币形式索取权的累积。然而，这些国家是通过国际资源的转移来实现其实际累积的扩大，所以这些国家都通过发行收益权证书或所有权证书来完成此类资源在世界上的流动，最后，主导世界货币的国家是实际的资本积累国，而与主导世界货币的国家对应的另一些国家则成了所有权证书或者收益权证书的积累国。由于金融资本过度积累，这其中包括虚拟资本与货币资本的过度积累，所有这一切造成一定程度的相对过剩，进而使金融资本积累从扩张向收缩转变，从而降低了生息证券或虚拟资本所体现的金融资本的价值，导致其持有国的经济蒙受严重亏损，与此同时，无论是在国内或在国际上，要想从市场中得到货币或者是货币资本，都变得更加不易，这严重阻碍了贸易、资本和货币的流动，在世界范围内的连锁反应，导致金融危机不断蔓延、膨胀。

　　由此看来，在全球背景下，发达资本主义国家的货币资本或者是虚拟资本的过度积累，也可以说是金融资本的过度积累，必然会导致国际金融资本输出，并且使参与其中的资本输入国的经济遭受巨大的损失。在这种国际大背景下，一些外部不均衡的国家处境非常艰难，很难抵挡国际金融资本的不良影响，例如，我国就是这样的情况，由于对美国外汇储备与国债持有过多，在始于美国的金融危机中，蒙受了巨大的损失。所以，为了避免国际金融资本的过多累积给经济带来的严重亏损，发展中国家必须要把这种过度累积尤其是虚拟资本的累积控制在一定的范围内。政府可以出台相应的政策，来控制金融资本的过度积累，从而避免出现不必要的经济损失。

六　严格控制与监督国际资本的流动

随着经济金融一体化的发展，各国金融资本可以在全世界范围内 24 小时自由流动，经由金融资本在全世界的自由转移，金融化积累机制能够轻而易举地把部分新兴国家的市场控制在自己的势力范围之内，同时，积累机制的金融化更是使金融资本的投机性变得更容易，使金融资本的流动性更强，这一切对一些新兴国家的金融领域造成了极其严重的影响。格莱宝指出，在世界金融经济一体化的背景下，国际金融资本的流动对发展中国家只有坏处没有好处，只会带来一系列风险，如资本外逃风险、金融脆弱性风险以及主权风险等。[1] 目前，发达资本主义国家主导了国际货币金融体系与全球金融化，在这种形势下，对于开放资本市场，我国应适度限制，运用相应的措施对资本与外汇进行适当的管制，从而避开国际金融资本的强大冲击，避免进入由国际金融化积累而引起的金融陷阱。

如今，全球经济一体化，作为其中的一分子，中国必须努力把经济规模发展壮大，提升经济增长的质量，夯实经济基础，并且建立完善的金融体系，这不仅能提高抵御外部冲击的能力，而且能将更多国际金融资本吸引到经济体系中，防范金融资本短期投机性所引起的不利影响，同时，因金融资本流动受价格因素的影响较弱，应逐渐改变以往以汇率稳定为政策目标的倾向，真正实现汇率形成的

---

[1] Ilene Grabel, "Averting Crisis? Assessing Measures to Manage Financial Integration in Emerging Economies", in *Financialization and the World Economy*, Edward Elgar, 2005.

市场机制，增强价格调整的灵活性，使国内经济的平衡因素在货币政策中得到更多的关注，并且我国应渐渐放开资本账户，从而达到降低隐性资本收入以及其流动不稳定性的目的。另外，美国和日本对全球的经济社会的发展有一定的重要性，它们对全球资本流动的格局具有一定的影响，且存在严重的差异性，所以，关于美国以及日本对我国资本供应的非对称性，我国应高度关注。

第六章 结论与展望

本书主要在马克思主义理论的指导下，研究金融资本全球化迅速发展的主要原因以及金融资本的发展演变，揭示现代金融资本的本质，指出现代金融资本已经异化，由此引起了一系列的经济社会问题，而要解决这些问题，必须对金融资本进行还原，辨析其本质，找出金融资本的本原，也就是金融资本还原论。金融资本回归其本原可以协助我国相关部门有效地制定经济改革与经济开放的政策，便于在当今复杂的国际环境中，应对现代金融资本异化带来的破坏性、贪婪性和掠夺性，还有由此带来的金融危机。

其一，现代金融资本已经异化，引起了一系列的经济社会问题。导致金融资本异化的因素为：布雷顿森林体系崩溃、选票政治、金融过度自由化与市场异化以及人性的贪婪。金融资本的合理性标准是 $\Delta Y/Y = \Delta K_1/K_1 = \Delta K_2/K_2 = b$，即总产出的增长率、实体资本的增长率和金融资本的增长率三者相等时，金融资本处在合理性状态，符合实际经济发展的需要，此时的金融资本没有异化，而在 $\Delta K_2/K_2 < \Delta K_1/K_1 = b$ 或 $\Delta K_2/K_2 > \Delta K_1/K_1 = b$ 时，金融资本没有处在合理性状态，金融资本异化。金融资本异化引起的不良现象为：实体经济萎缩、信用崩溃、金融领域不确定性增加、社会风险加大、贫富差距扩大以及金融危机爆发。

其二，对金融资本进行还原，从货币形式与资本形式的视角对金融资本的形成进行分析，指出从货币形式的金融资本形成开始，共经历了六个阶段：第一，实物货币阶段；第二，贵金属货币阶段；第三，代用货币阶段，即金融资本的萌芽阶段；第四，信用货币，即金融资本的产生阶段；第五，有价证券阶段，标志着金融资本的发展；第六，金融衍生产品阶段，标志着金融资本的成熟。本书从资本形式方面分析金融资本的形成，详细分析了产业资本、商业资本以及生息资本的运动，指出，金融资本逐渐从职能资本（产业资本和商业资本）中裂变游离出来，从产业资本与商品资本中独立出来的货币资本就是现代金融资本的雏形，在这里，它完全具有职能资本的属性，只是为生产与流通提供专业化与产业化的相关金融服务，产业资本创造出剩余价值，商业资本来实现剩余价值，而从它们的运动中独立出来的货币资本为剩余价值的创造与实现提供信用条件，也就是为产业资本与商业资本的运动提供服务功能。生息资本属于金融资本，生息资本既具有职能资本的属性，也具有非职能资本的性质。

其三，金融资本的本质。金融资本发源于货币，但此时货币只是资本的最初表现形式，服务于当时的生产与交换。其本原是属于生息资本的借贷资本，从职能资本的运动中游离出来，同时为职能资本服务。要避免金融资本的过度积累造成的危机，以及由此带来的信用崩溃、实体经济萎缩以及各种社会问题，必须把金融资本还原到本原，为实体经济和职能资本部门服务，一系列社会问题就迎刃而解。金融资本是历史形态演变的结果，是货币资本的一部分，所以其核心与主体是货币资本，金融资本是实实在在存在的，其作为货币资本也具有货币资本的特征，体现货币资本的共性，具有交换、流通、支付以及价值贮藏等职能，另外，金融资本作为一种特殊的货币资本，其具有生息性、运动性、垄断性以及全球性，同时也具有食利性、掠夺性、破坏性，随着金融经济化的发展，金融工具创新不断出现，金融资本的过度积累与过度虚拟化也急剧出现，造成一系列社会问题，只有把金融资本还原到其本原，才会解决这些问题，避免危机的出现。

其四，以马克思主义理论为指导思想，结合目前经济社会存在的一系列问题，提出应对金融资本异化的六条政策建议：第一，坚持马克思主义指导原则，正确理解金融资本还原理论；第二，征收金融交易税；第三，避免过度金融化；第四，鼓励资源向实体经济部门流动；第五，严格控制被严重虚拟化的金融资本流入本国；第六，严格控制与监督国际资本的流动。

参考文献

中文参考文献

［澳］A. G. 肯伍德、A. L. 洛赫德:《国际经济的成长:1820—1990》,王春法译,经济科学出版社1997年版。

白钦先、常海中:《金融虚拟性演进及其正负功能研究》,中国金融出版社2008年版。

［美］理查德·M. 莱维奇:《国际金融市场价格与政策》,施华强等译,中国人民大学出版社2000年版。

陈宝森:《国际金融资本运动中的汇率杠杆效应》,《现代财经》1999年第2期。

陈享光:《袁辉现代金融资本的积累及其影响》,《当代经济研究》2010年第7期。

陈享光、袁辉:《金融化积累机制的政治经济学考察》,《教学与研究》2011年第12期。

程恩富、王中保:《美元霸权:美国掠夺他国财富的重要手段》,《今日中国论坛》2008年第1期。

程恩富:《当前西方金融和经济危机与全球治理》,《管理学刊》2009年第1期。

程恩富:《金融风暴启示录》,中国法制出版社2009年版。

程恩富、冯金华、马艳：《现代政治经济学新编》，上海财经大学出版社 2012 年版。

陈享光：《金融化与现代金融资本的积累》，《当代经济研究》2016 年第 1 期。

陈学彬、余辰俊、孙婧芳：《中国国际资本流入的影响因素实证分析》，《国际金融研究》2007 年第 12 期。

崔友平、陈华、赵俊燕：《基于马克思经济危机理论的美国金融危机问题研究》，《山东社会科学》2009 年第 4 期。

戴相龙、黄达：《中华金融辞库》，中国金融出版社 1998 年版。

窦祥胜：《国际资本流动的与宏观经济运行分析》，中国财政经济出版社 2005 年版。

顾海良：《开拓当代马克思主义政治经济学的新境界》，《经济研究》2016 年第 1 期。

[美] 多恩布什、费希尔：《宏观经济学》，李庆云、刘文忻校译，中国人民大学出版社 1997 年版。

郭峰：《新自由主义、金融危机与监管改革》，中国民商法律网，https：//www.civillaw.com.cn/article/default.asp?id=48181。

方卫星：《现行国际货币体系的性质及变革方向》，《上海经济研究》2000 年第 5 期。

费利群：《金融垄断资本主义发展新阶段及其当代启示》，《东岳论丛》2005 年第 11 期。

弗朗索瓦·沙奈等：《金融全球化》，齐建华、胡振良译，中央编译出版社 2006 年版。

郝继伦：《产业资本与金融资本的融合：理论分析与中国发展》，《财经问题研究》1998 年第 1 期。

何玉长、董建功:《金融资本化与资本金融化亟需遏制——基于马克思主义产融关系理论的思考》,《毛泽东邓小平理论研究》2017年第4期。

何璋等:《国际金融》,中国金融出版社1997年版。

何自力、马锦生:《发达国家经济高度金融化的内涵及本质》,《经济纵横》2013年第5期。

胡传明、陈标平:《金融资本全球化与中国经济安全》,《企业经济》2005年第11期。

黄济生、罗海波:《国际金融资本流动规模研究——中国案例》,《亚太经济》2008年第1期。

黄泽民:《货币银行学》,立信会计出版社2001年版。

管涛、王信等:《对当前我国贸易项下异常资金流入的分析》,《国际金融研究》2007年第6期。

姜波克、徐蓉:《金融全球化与风险防范》,复旦大学出版社1999年版。

[英]凯恩斯:《就业利息和货币通论》,徐毓枬译,商务印书馆1977年版。

《拉法格文选》(下卷),人民出版社1985年版。

李成、郝俊香:《国际资本流动理论的发展与展望》,《西安交通大学学报》(社会科学版)2006年第5期。

李国平、周宏:《金融资本主义全球化:实质及应对》,《马克思主义研究》2014年第5期。

黎平海、黄思玮:《论国际资本流动理论研究的发展历程》,《暨南学报》(哲学社会科学)2002年第1期。

李翀:《金融资本的发展与经济的虚拟化》,《东南学术》2003年第6期。

吕江林、杨玉凤：《当前我国资本大规模流入问题及对策》，《当代财经》2007年第2期。

刘锡良、齐子漫、刘帅：《产融结合视角下的资本形成与经济增长》，《经济与管理研究》2015年第7期。

刘振摘译：《新自由主义与金融资本》，《论点摘编》2006年第1期。

洪远朋：《〈资本论〉教程简编》，复旦大学出版社2006年版。

李翀：《金融资本的发展与经济的虚拟化》，《东南学术》2003年第6期。

列宁：《列宁全集》（第二十七卷），人民出版社1980年版。

列宁：《列宁全集》（第十七卷），人民出版社1998年版。

列宁：《帝国主义是资本主义的最高阶段》，人民出版社2001年版。

［德］鲁道夫·希法亭：《金融资本——资本主义最新发展的研究》，福民等译，商务印书馆1994年版。

马丁·沃尔夫：《从管理资本主义到金融资本主义》，《中国企业家》2007年第14期。

马丁·沃尔夫：《金融资本主义如何转型？》，http：//hi.baidu.com/tian.tiantu/blog/item/bcccf238d18e29c8d46225af.html。

马克思：《资本论》（第三卷），人民出版社1997年版。

马克思：《资本论》（第二、第三卷），人民出版社2004年版。

马克思：《哥达纲领批判》，人民出版社1997年版。

马克思、恩格斯:《马克思恩格斯全集》(第一、第二十三、第二十四、第二十九卷),人民出版社1972年版。

马克思、恩格斯:《马克思恩格斯全集》(第一、第二十五卷),人民出版社1974年版。

马克思、恩格斯:《马克思恩格斯全集》(第四十九卷),人民出版社1982年。

马克思、恩格斯:《马克思恩格斯选集》(第一、第三卷),人民出版社1995年版。

马克思、恩格斯:《德意志意识形态》,人民出版社2003年版。

马克思、恩格斯:《马克思恩格斯文集》(第二卷),人民出版社2009年版。

孟捷、李亚伟、唐毅南:《金融化与利润率的政治经济学研究》,《经济学动态》2014年第6期。

牛晓健、姜波克:《中国资本项目下资本外逃研究》,国务院发展研究中心信息网,http://www.drcnet.com.cn/01/04/2006。

牛晓健、周赞:《资本跨国双向流动:理论与现实》,《国际经贸探索》2007年第11期。

潘英丽:《国际金融框架改革争论述评》,《华东师范大学学报》(哲社版)2002年第5期。

[法]皮埃尔·勒、马森、胡振良:《金融资本的新变化》,《国外理论动态》2002年第6期。

冉光和、王定祥:《金融产业资本论》,科学出版社2007年版。

[法]让·克洛德·德洛奈:《全球化的金融垄断资本主

义》,刘英摘译,《国外理论动态》2005年第10期。

任惠:《中国资本外逃的规模测算和对策分析》,《经济研究》2001年第11期。

施建准:《中国资本账户开放的进展及评论》,《"CCER中国经济观察"第九次报告会简报之二》2007年第23期。

司建平:《当代发达资本主义是金融资本主义》,《前沿》2003年第8期。

斯托克:《欧洲市场》,载张世鹏、殷叙彝编译《全球化时代的资本主义》,中央编译出版社1998年版。

宋文兵:《国际短期资本流动与国际货币制度的变迁(上)》,《国际金融研究》1999年第11期。

宋玉华、徐忆琳:《当代国际金融资本运动规律初探》,《中国社会科学》1998年第6期。

田麦华:《东道国国际资本流入结构的成因与管理》,经济科学出版社2003年版。

田文峰:《当代金融帝国主义的表象与本质——基于列宁"帝国主义论"之阐释》,《甘肃社会科学》2012年第1期。

涂尔干:《社会分工论》,渠敬东译,生活·读书·新知三联书店2000年版。

王大贤:《我国对外贸易和投资中的投机资金流入》,《国际贸易》2007年第4期。

王烈望:《国际资本概论》,中国对外经济贸易出版社1988年版。

王庆丰:《金融资本批判——马克思资本理论的当代效应及

其逻辑理路》,《吉林大学社会科学学报》2013 年第 5 期。

王世华、何帆:《中国的短期国际资本流动:现状、流动途径和影响因素》,《世界经济》2007 年第 7 期。

王伟光、程恩富、胡乐明:《西方国家金融和经济危机与中国对策研究(上)》,《马克思主义研究》2010 年第 7 期。

王伟光、程恩富、胡乐明:《西方国家金融和经济危机与中国对策研究(下)》,《马克思主义研究》2010 年第 8 期。

王孜弘:《美国金融资本与发展中国家金融市场》,《太平洋学院学报》2003 年第 3 期。

吴大琨:《金融资本论》,人民出版社 1993 年版。

吴念鲁、鄂志寰:《金融资本全球化是否历史发展的必然》,《金融研究》2000 年第 10 期。

吴有昌:《现代货币危机理论及其启示》,《财贸经济》1999 年第 3 期。

徐爱田、白钦先:《金融虚拟性研究》,中国金融出版社 2008 年版。

许少强:《货币一体化概论》,复旦大学出版社 2004 年版。

[英] 亚当·斯密:《国民财富的性质和原因的研究》(上),郭大力、王亚南译,商务印书馆 2004 年版。

杨志:《论资本的二重性》,经济科学出版社 2002 年版。

叶德磊:《证券市场的开放、创新与蒙代尔－弗莱明模型的扩展》,《华东师范大学学报》(哲学社会科学版)2006 年第 2 期。

银锋:《政治经济学视域下的金融资本全球化探究》,《湖南财政经济学院学报》2013年第1期。

伊藤诚:《次贷金融危机的历史意义和社会成本:基于日本经验的比较》,蔡万焕译,《政治经济学评论》2010年第2期。

尹宇明、陶海波:《热钱规模及其影响》,《财经科学》2005年第6期。

张宇、蔡万焕:《马克思主义金融资本理论及其在当代的发展》,《马克思主义与现实》2010年第6期。

张亦春、王先庆:《国际投机资本与金融动荡》,中国金融出版社1998年版。

曾康霖:《虚拟经济:经济活动新领域》,中国金融出版社2003年版。

赵峰、马慎萧:《金融资本、职能资本与资本主义的金融化——马克思主义的理论和美国的现实》,《马克思主义研究》2015年第2期。

赵楠:《金融资本国际化的绩效与条件分析》,《广东金融学院学报》2006年第1期。

钟伟:《资本浪潮——金融资本全球化论纲》,中国财政经济出版社1999年版。

《欧盟正式退出金融交易税》,2013年2月16日,天和网。

《"占领华尔街"运动产生的原因》,2011年10月11日,http://chn.chinamail.com.cn/txjs/2011-10-11/content_4694189.html。

外文参考文献

Adam Harmes, "The Troubles With Hedge Funds", *The Review of Policy Research*, 2002, Vol. 1.

Alan Alford and William R. Folks Jr., "A Test for Increased Capital Market Integration", *The Financial Review*, 1996, Vol. 31, No. 1.

Andrew Powell, Dilip Ratha and Sanket Monapatra, *Capital Inflows and Capital Outflows: Measurement, Determinants, Consequences*, Working Paper, 2002.

Barry Eichengreen, *Globalizing Capital: A History of the International Monetary System*, Princeton University Press, 1998.

Barry Eiehengreen, "The Global Gamble on Financial Liberalization: Reflections on Capital Mobility, National Autonomy, and Social Justice", U. N. Department of Economic and Social Affairs and Carnegie Council Paper, 1998, November 12 – 14.

Carsten Detken and Philipp Hartmann, "The Euro and International Capital Markets", *International Finance*, 2000, Vol. 3.

Calvo, G. A., L. Leiderman, and C. M. Reinhart, "Capital Inflows and Real Exchange Rate Appreciation in Latin America: The Role of External Factor", *IMF Staff Papers*, Vol. 40, No. 1, 1993.

Cohen, D., "How Will the Euro Behave", in P. R. Masson, T. H. Krueger and B. G. Turtelboom, eds, *EMU and the In-*

ternational Monetary System, Washington, DC: IMF, 1997.

Cuddington, "Capital Flight: Estimate, Issue, and Expectation", *Princeton Studies in International Finance*, 1986, No. 58.

David M. Kotz, Deepankar Basu, "Stagnation and Institutional Structures", *Review of Radical Political Economics*, Forthcoming.

D. J. J. Botha, "Emerging Markets, Short Term Capital Movements and International Regulation", *SAJE*, Vol. 2.

E. Han Kim, "Globalization of Capital Markets and the Asian Financial Crisis", *Journal of Applied Corporate Finance*, 1998, Vol. 3.

Francisco L. Rivera – Batiz and Luis A. Rivera – Batiz, "International Financial Liberalization, Capital Flows, and Exchange Rate Regimes: An Introduction", *Review of International Economies*, 2001, Vol. 4.

G. C. Lim, "Policy Forum: Hedge Funds and Currency Crises", *The Australian Economic Review*, 1999, Vol. 6.

Ilene Grabel, "Averting Crisis? Assessing Measures to Manage Financial Integration in Emerging Economies", in *Financialization and the World Economy*, Edward Elgar, 2005.

Montiel, P., and C. M. Reinhart, "Do Capital Controls and Macroeconomic Policies Influence the Volume and Composition of Capital Flows? Evidence from the 1990s", *Journal of International Money and Finance*, 1999, Vol. 1.

M. Kiehikawa, "Overview of International Capital Flows in the 1990s", Tokyo Club Papers, 1999, Vol. 12.

Nsouli, M. S., and M. Rached, "Capital Account Liberalization in the Southern Mediterranean", *Finance and Development*, 1998, Vol. 35, No. 4.

Popper, Helen A., "Issues in International Capital Mobility", *Financial Sector of the American Economy Series*, 1997.

Ramkishen S. Rajan, Reza Siregar and Iman Sugema, "Why Was There a Precrisis Capital Inflow Boom in Southeast Asia?", *Journal of International Development*, 2003, Vol. 15.

Raul V. Fabella, "The East Asian Model and the Currency Crisis: Credit Policy and Mundell - Fleming Flows", *The Manchester School*, 1999, Vol. 67 (Special Issue).

Randall Dodd, "Derivatives Market: Sources of Vulnerability in US Financial Markets", in Gerald A. Epstein, ed., *Financialization and the World Economy*, Edward Elgar, 2005.

Stulz, Rene M., "Globalization of Equity Markets and the Cost of Capital", NYSE WP/99 - 02, 1999.

Sammo Kang, Soyoung Kim, Sunghyun H. Kim and Yunjong Wang, "Understanding the Determinants of Capital Flows in Korea", Korea Institute for International Economic Policy Report, 2002.

Tony Cavoli and Ramkishen S. Rajan., "Capital Flows Problem in Selected Asian Economies in the 1990s Revisited: The Role of Monetary Sterilization", *Asian Economic Journal*,

2006, Vol. 20 No. 4.

Wyplosz, C., "How Risky is Financial Liberalization in the Developing Countries?", CEPR Discussion Papers No. 2724, Center for Economic Policy Research, 2001.